Curso
MAD360

La diferencia entre aprobar y sacar plaza

AF212120

Pinche

SERVICIO DE SALUD DE CASTILLA-LA MANCHA (SESCAM)

Si aún no dispones de tu **Curso MAD360**, te ofrecemos un acceso GRATIS de 30 días para que disfrutes de los siguientes recursos:

- Técnicas de Memoria 360.
- MADTEST: Test *online* Nivel PRO.
- Temario en formato digital.
- Vídeos.
- Esquemas.
- Planificación de estudio flexible.
- Foro entre opositores.
- Recursos y novedades exclusivas.
- Consúltanos sobre tu oposición y proceso selectivo.
- Actualizaciones trimestrales del temario.

Para acceder a esta prueba del Curso MAD360* será necesaria la compra de todos los libros para esta especialidad de la edición 2025.

Valida los códigos que encuentras en la última página de tus libros y disfruta de la experiencia MAD360. Y para adquirir tu Curso MAD360 pincha en la opción RENOVAR que encontrarás en tu panel.

Infórmate en: mad.es/registro-campus

NOTA IMPORTANTE:

* El acceso al CURSO MAD360 estará disponible desde mayo de 2025 (algunos recursos podrían estar disponibles en fecha posterior). Tendrá una duración de 30 días RENOVABLES mediante pago, desde la validación de códigos, o hasta el 30 de noviembre de 2026, lo que se cumpla antes.

MAD se reserva el derecho a ampliar dichas fechas.

Pinche del Servicio de Salud de Castilla-La Mancha (SESCAM)

Mayo 2025

Pinche del Servicio de Salud de Castilla-La Mancha (SESCAM)

Test del temario

DOMINGO GÓMEZ MARTÍNEZ
Licenciado en Derecho
Técnico de Función Administrativa

FRANCISCO JESÚS TORRES FONSECA
Licenciado en Derecho

JOSÉ LUIS GARRIDO VELA
Licenciado en Derecho

MOISÉS CAYETANO RODRÍGUEZ
Licenciado en Historia
Master y Técnico Superior en Prevención de Riesgos Laborales

TERESA MARÍA TORRES FONSECA
Licenciada en Derecho

ANA MARÍA SERRANO BÁRCENA
Licenciada en Biología

© 7 Editores Recursos para la Cualificación Profesional y el Empleo, S.L. (7 Editores)
© Los autores
Primera edición, mayo 2025 (112 páginas)
Derechos de edición reservados a favor de 7 Editores
IMPRESO EN ESPAÑA
Diseño Portada: 7 Editores
Edita: 7 Editores
Avda. San Francisco Javier, 9 · Edificio Sevilla 2 · Planta 11 · Módulos 25-27 · 41018 Sevilla
Teléfono: 954 784 411 · WEB: www.mad.es · e-mail: administracion@7editores.com
ISBN: 978-84-142-9489-5
© "Editorial Mad" y "Eduforma" son nombres comerciales registrados de
7 Editores Recursos para la Cualificación Profesional y el Empleo, S.L.

Queda rigurosamente prohibida la reproducción total o parcial de esta obra por cualquier medio
o procedimiento sin la autorización por escrito del editor.

Índice

TEST N.º 1

La Constitución Española de 1978: Estructura y contenido. Título Preliminar. Los derechos y deberes fundamentales: Derechos y Libertades. Garantías y Suspensión. La Igualdad efectiva entre hombres y mujeres. Políticas públicas de Igualdad. Medidas de protección integral contra la violencia de género

1. ¿En qué se fundamenta la Constitución Española?

a) En un Estado social y democrático de Derecho.
b) En la indisoluble unidad de la Nación española.
c) En la independencia de los poderes del Estado.
d) En la organización territorial del Estado.

2. Según el artículo 3 de la CE, el castellano es la lengua oficial del Estado y todos los españoles:

a) Tienen el deber de usar y el derecho de conocer el castellano.
b) Tienen el derecho y el deber de conocer el castellano.
c) Tienen el deber de conocer y el derecho de usar el castellano.
d) Tienen el derecho de conocer y usar el castellano.

3. La Constitución Española reconoce y garantiza el derecho a la autonomía:

a) De las nacionalidades que la integran.
b) De las regiones que la integran.
c) De las Comunidades Autónomas que la integran.
d) De las nacionalidades y regiones que la integran.

4. El Preámbulo de la Constitución:

a) Tiene en sí carácter de norma jurídica.
b) Es una declaración de intenciones, destinada a interpretar lo que se quiere alcanzar con el contenido normativo de la Constitución.
c) Se trata de un texto sin fuerza jurídica de obligar.
d) Las respuestas b) y c) son correctas.

5. Señala la afirmación correcta, respecto de la aprobación, ratificación y publicación de la Constitución Española:

a) Aprobada por las Cortes el 31 de octubre de 1978, ratificada por el pueblo en referéndum el 6 de diciembre de 1978 y publicada el 29 de diciembre de 1978.
b) Aprobada por las Cortes el 30 de octubre de 1978, ratificada por el pueblo en referéndum el 16 de diciembre de 1978 y publicada el 27 de diciembre de 1978.
c) Aprobada por las Cortes el 31 de octubre de 1978, ratificada por el pueblo en referéndum el 16 de diciembre de 1978 y publicada el 29 de diciembre de 1978.
d) Aprobada por las Cortes el 10 de octubre de 1978, ratificada por el pueblo en referéndum el 26 de diciembre de 1978 y publicada el 30 de diciembre de 1978.

6. ¿En qué parte de la Carta Magna se establece la exposición de motivos que impulsan la norma constitucional y los objetivos que con ella se pretenden alcanzar?

a) En el Título preliminar.
b) En el Preámbulo.
c) En el Título I.
d) En el Título II.

7. ¿En qué artículos de nuestra CE se recogen los derechos fundamentales y las libertades públicas?

a) En los artículos 10 a 43.
b) En los artículos 25 a 38.
c) En los artículos 31 a 45.
d) En los artículos 15 a 29.

8. Además de en la vida económica y política, los poderes públicos deben fomentar la participación de los ciudadanos en la vida:

a) Cultural.
b) Social.
c) Corporativa.
d) Las respuestas a) y b) son correctas.

9. Según la Constitución, el Estado es:

a) Apolítico.
b) Aconfesional.
c) De bienestar social.
d) Federal.

10. El derecho a la vida se consagra en el siguiente artículo de la Constitución:

a) 10.
b) 16.
c) 15.
d) 24.

11. La pena de muerte en España:

a) Ha quedado abolida.
b) Puede aplicarse en cualquier momento.
c) Solo se aplicará, en tiempo de guerra, a los militares.
d) Rige solo en el ámbito civil.

12. La inmediata puesta a disposición judicial derivada del habeas corpus, se produce por:

a) Detención ilegal.
b) Prisión ilegal.
c) Prisión preventiva.
d) Detención preventiva.

13. La ley que regula a nivel estatal la igualdad efectiva de mujeres y hombres, es:

a) La Ley 3/2007, de 12 de marzo.
b) La Ley Orgánica 22/2007, de 3 de abril.
c) La Ley Orgánica 3/2007, de 22 de marzo.
d) El Decreto Legislativo 7/2003, de 23 de mayo.

14. ¿Qué título de la Ley para la Igualdad efectiva de Mujeres y Hombres se refiere a las políticas públicas para la igualdad?

a) El Título II.
b) El Título III.
c) El Título IV.
d) El Título V.

15. Las obligaciones establecidas en la Ley para la Igualdad efectiva entre Mujeres y Hombres son de aplicación a:

a) Toda persona que se encuentre o actúe en territorio español, cualquiera que fuese su nacionalidad, domicilio o residencia.
b) Todos los españoles residentes en territorio español; pero no a los españoles que tengan residencia en otro país aunque eventualmente se encuentren en territorio español.
c) Toda persona que se encuentre o actúe en territorio español, originaria de algún país adherido a los Tratados internacionales de eliminación de toda forma de discriminación contra la mujer; pero no se puede aplicar a personas originarias de los países no firmantes.
d) Únicamente a todos los españoles se encuentren o no en territorio español.

16. Todo trato desfavorable a las mujeres relacionado con el embarazo o la maternidad constituye:

a) Acoso sexual.
b) Acoso por razón de sexo.
c) Discriminación directa por razón de sexo.
d) Discriminación indirecta por razón de sexo.

17. Cualquier comportamiento realizado en función del sexo de una persona, con el propósito o efecto de atentar contra su dignidad y de crear un entorno intimidatorio, degradante u ofensivo, constituye:

a) Acoso sexual.
b) Acoso por razón de sexo.
c) Discriminación directa por razón de sexo.
d) Discriminación indirecta por razón de sexo.

18. Los actos y las cláusulas de los negocios jurídicos que constituyan o causen discriminación por razón de sexo se considerarán:

a) Válidos, si todas las partes consienten.
b) Anulables y sin efecto durante el primer año; pasado ese tiempo, si no hay denuncia, tendrán efectos legales.
c) Nulos, pero con efecto.
d) Nulos y sin efecto.

19. La capacidad y la legitimación para intervenir en los procesos civiles, sociales y contencioso-administrativos que versen sobre la defensa del derecho de igualdad entre mujeres y hombres, corresponden a:

a) La persona acosada, únicamente.
b) Cualquier ciudadano.
c) Las personas físicas y jurídicas con interés legítimo.
d) Cualquier persona jurídica.

20. Según el artículo 15 de la Ley para la Igualdad efectiva entre Mujeres y Hombres, el principio de igualdad de trato y oportunidades informará la actuación de todos los poderes públicos:

a) Con carácter transversal.
b) De forma equilibrada.
c) Solo cuando se trate de colectivos de especial vulnerabilidad o de violencia de hecho.
d) Con carácter no vinculante.

En MADTEST tienes **más preguntas de este tema**, y todos tus avances quedan registrados y se reflejan en el ranking.

¡Supera tus límites con MADTEST!

Solución al test n.º 1

1. b) En la indisoluble unidad de la Nación española.

2. c) Tienen el deber de conocer y el derecho de usar el castellano.

3. d) De las nacionalidades y regiones que la integran.

4. d) Las respuestas b) y c) son correctas.

5. a) Aprobada por las Cortes el 31 de octubre de 1978, ratificada por el pueblo en referéndum el 6 de diciembre de 1978 y publicada el 29 de diciembre de 1978.

6. b) En el Preámbulo.

7. d) En los artículos 15 a 29.

8. d) Las respuestas a) y b) son correctas.

9. d) Federal.

10. c) 15.

11. a) Ha quedado abolida.

12. a) Detención ilegal.

13. c) La Ley Orgánica 3/2007, de 22 de marzo.

14. a) El Título II.

15. a) Toda persona que se encuentre o actúe en territorio español, cualquiera que fuese su nacionalidad, domicilio o residencia.

16. c) Discriminación directa por razón de sexo.

17. b) Acoso por razón de sexo.

18. d) Nulos y sin efecto.

19. c) Las personas físicas y jurídicas con interés legítimo.

20. a) Con carácter transversal.

TEST N.º 2

El Estatuto de Autonomía de Castilla-La Mancha: competencias de la Junta de Comunidades. Instituciones de la Comunidad Autónoma. Estructura de la Administración Regional. Ley de Transparencia y Buen Gobierno de Castilla-La Mancha

1. El Estatuto de Autonomía de Castilla-La Mancha, fue aprobado por:

a) Ley Orgánica 9/1982, de 10 de agosto.
b) Ley Orgánica 8/1982, de 10 de agosto.
c) Ley Orgánica 9/1983, de 15 de agosto.
d) Ley Orgánica 9/1982, de 10 de septiembre.

2. El Estatuto de Autonomía de Castilla-La Mancha:

a) Consta de 64 artículos y se estructura en un Título Preliminar, 6 Títulos, 2 disposiciones adicionales, seis disposiciones transitorias y una disposición final.
b) Consta de 54 artículos y se estructura en un Título Preliminar, 6 Títulos, 3 disposiciones adicionales, seis disposiciones transitorias y una disposición final.
c) Consta de 54 artículos y se estructura en un Título Preliminar, 6 Títulos, 3 disposiciones adicionales, siete disposiciones transitorias y una disposición final.
d) Consta de 64 artículos y se estructura en un Título Preliminar, 6 Títulos, 2 disposiciones adicionales, siete disposiciones transitorias y una disposición final.

3. El Título Preliminar comprende los:

a) Seis primeros artículos del Estatuto.
b) Siete primeros artículos del Estatuto.
c) Nueve primeros artículos del Estatuto.
d) Once primeros artículos del Estatuto.

4. La Junta de Comunidades ejercerá sus poderes los siguientes objetivos básicos establecidos en el:

a) Artículo 3.
b) Artículo 4.

c) Artículo 5.
d) Artículo 6.

5. La Ley del Gobierno y del Consejo Consultivo de Castilla-La Mancha es la:

a) Ley 10/2003, de 25 de septiembre.
b) Ley 11/2003, de 25 de septiembre.
c) Ley 11/2006, de 25 de septiembre.
d) Ley 11/2003, de 26 de septiembre.

6. Los ex-Presidentes tendrán el tratamiento de:

a) Ilustrísima.
b) Excelencia.
c) Excelentísimo.
d) Presidente.

7. Las Cortes de Castilla-La Mancha aprobarán una Ley del Gobierno y del Consejo Consultivo, en la que se incluirá la limitación de los mandatos del Presidente, por mayoría:

a) Simple de los miembros del Pleno de la Cámara.
b) Absoluta de los miembros del Pleno de la Cámara.
c) De dos tercios de los miembros del Pleno de la Cámara.
d) De tres quintos de los miembros del Pleno de la Cámara.

8. La confianza se entenderá otorgada cuando vote a favor de la misma la mayoría:

a) Simple de los Diputados.
b) Absoluta de los Diputados.
c) De dos tercios de los Diputados.
d) De tres quintos de los Diputados.

**9. Si el Presidente plante
ase la cuestión de confianza sobre un proyecto de Ley, éste se considerará aprobado siempre que vote a favor de la confianza la mayoría:**

a) Simple de los Diputados.
b) Absoluta de los Diputados.
c) De dos tercios de los Diputados.
d) De tres quintos de los Diputados.

10. La moción de censura deberá ser propuesta al menos por el:

a) 10% de los Diputados.
b) 15% de los Diputados.

c) 20% de los Diputados.
d) 5% de los Diputados.

11. El Presidente no podrá acordar la disolución de las Cortes:

a) Durante el cuarto período de sesiones de la legislatura, cuando reste menos de un año para su terminación.
b) Cuando se esté planteando una cuestión de confianza.
c) Antes de que transcurra el plazo de dos años desde la última disolución por este procedimiento.
d) Cuando se encuentre convocado un proceso electoral estatal.

12. La Ley del Gobierno y del Consejo Consultivo de Castilla-La Mancha, trata del Consejo de Gobierno en su:

a) Título I.
b) Título II.
c) Título III.
d) Título IV.

13. Corresponde, en todo caso, al Consejo de Gobierno:

a) Aprobar los Proyectos de Ley para su remisión a las Cortes de Castilla-La Mancha, y acordar, en su caso, retirarlos.
b) Dictar los Decretos Legislativos.
c) Aprobar las normas reglamentarias de desarrollo de las leyes, así como todas las restantes de las que deriven inmediatamente derechos y obligaciones para los ciudadanos.
d) Todas las anteriores.

14. La válida constitución del Consejo de Gobierno requiere la asistencia del Presidente o de quien legalmente le sustituya, y de, al menos:

a) Un tercio de los restantes miembros.
b) Dos tercios de los restantes miembros.
c) La mitad de los restantes miembros.
d) Tres quintos de los restantes miembros.

15. Las decisiones y acuerdos del Consejo de Gobierno se adoptan mediante la oportuna deliberación y:

a) Tras votación formal.
b) Sin votación formal.
c) Sin necesidad de votación.
d) Por acuerdos de unanimidad.

16. En las reuniones del Consejo de Gobierno:

a) Los documentos que se presenten, hasta que éste los haya publicado, tendrán el carácter de reservado y las deliberaciones, el de secreto.

b) Las deliberaciones que se realicen, hasta que éste las haya publicado, tendrán el carácter de reservadas y los documentos, el de secreto.

c) Los documentos que se presenten, tendrán el carácter de reservado y las deliberaciones, el de secreto.

d) Los documentos que se presenten, tendrán el carácter de secretos y las deliberaciones, el de privadas, salvo que se publiquen.

17. Las actas de las sesiones del Consejo de Gobierno:

a) Son públicas.

b) Serán publicadas.

c) Son publicas salvo aquellos datos que puedan afectar a la intimidad de las personas.

d) No son públicas.

18. Las delegaciones legislativas otorgadas por las Cortes de Castilla-La Mancha durante todo el tiempo que el Gobierno esté en funciones:

a) Permanecerán en vigor.

b) Permanecerán en vigor salvo acuerdo en contrario.

c) Precisaran la ratificación de aquéllas cuando la causa de cese sea la celebración de elecciones regionales.

d) Quedarán en todo caso en suspenso.

19. Los miembros del Consejo de Gobierno podrán ejercer las actividades de administración del patrimonio personal o familiar, salvo el supuesto de participación superior al:

a) 10% entre el interesado, su cónyuge e hijos menores en empresas que tengan conciertos de obras, servicios o suministros, cualquiera que sea su naturaleza con la Junta de Comunidades de Castilla-La Mancha.

b) 15% entre el interesado, su cónyuge e hijos menores en empresas que tengan conciertos de obras, servicios o suministros, cualquiera que sea su naturaleza con la Junta de Comunidades de Castilla-La Mancha.

c) 20% entre el interesado, su cónyuge e hijos menores en empresas que tengan conciertos de obras, servicios o suministros, cualquiera que sea su naturaleza con la Junta de Comunidades de Castilla-La Mancha.

d) 25% entre el interesado, su cónyuge e hijos menores en empresas que tengan conciertos de obras, servicios o suministros, cualquiera que sea su naturaleza con la Junta de Comunidades de Castilla-La Mancha.

20. Los miembros del Consejo de Gobierno no podrán realizar actividades privadas relacionadas con expedientes sobre los que hayan dictado resolución en el ejercicio del cargo, ni celebrar contratos de asistencia técnica, de servicios o similares con la Administración de la Junta de Comunidades:

a) Durante el año siguiente a la fecha de su cese.
b) Durante los dos años siguientes a la fecha de su cese.
c) Durante los tres años siguientes a la fecha de su cese.
d) Durante los cuatro años siguientes a la fecha de su cese.

En MADTEST tienes **más preguntas de este tema**, y todos tus avances quedan registrados y se reflejan en el ranking.

¡Supera tus límites con MADTEST!

Solución al test n.º 2

1. a) Ley Orgánica 9/1982, de 10 de agosto.

2. c) Consta de 54 artículos y se estructura en un Título Preliminar, 6 Títulos, 3 disposiciones adicionales, siete disposiciones transitorias y una disposición final.

3. b) Siete primeros artículos del Estatuto.

4. b) Artículo 4.

5. b) Ley 11/2003, de 25 de septiembre.

6. b) Excelencia.

7. d) De tres quintos de los miembros del Pleno de la Cámara.

8. a) Simple de los Diputados.

9. b) Absoluta de los Diputados.

10. b) 15% de los Diputados.

11. d) Cuando se encuentre convocado un proceso electoral estatal.

12. b) Título II.

13. d) Todas las anteriores.

14. c) La mitad de los restantes miembros.

15. b) Sin votación formal.

16. a) Los documentos que se presenten, hasta que éste los haya publicado, tendrán el carácter de reservado y las deliberaciones, el de secreto.

17. d) No son públicas.

18. c) Precisaran la ratificación de aquéllas cuando la causa de cese sea la celebración de elecciones regionales.

19. a) 10% entre el interesado, su cónyuge e hijos menores en empresas que tengan conciertos de obras, servicios o suministros, cualquiera que sea su naturaleza con la Junta de Comunidades de Castilla-La Mancha.

20. b) Durante los dos años siguientes a la fecha de su cese.

TEST N.º 3

Ley General de Sanidad: principios generales del Sistema de Salud. Estructura del Sistema Sanitario Público. Servicios de Salud de las Comunidades Autónomas. El Área de Salud

1. ¿Cuál es la definición de Sistema Nacional de Salud que establece la Ley General de Sanidad (Ley 14/1986, de 25 de abril)?

a) Es el conjunto de los Servicios de Salud de las Comunidades Autónomas, coordinados en el Consejo Interterritorial del Sistema Nacional de Salud.

b) Es el conjunto de los Servicios de Salud dependientes del Instituto Nacional de la Salud y de los Servicios de Salud de las Comunidades Autónomas en los términos establecidos en la Ley General de Sanidad.

c) Es el conjunto de los Servicios de Salud de la Administración del Estado y de los Servicios de Salud de las Comunidades Autónomas en los términos establecidos en la Ley General de Sanidad.

d) Es el conjunto de los servicios de Salud de las Comunidades Autónomas y de las Corporaciones Locales en los términos establecidos en la Ley General de Sanidad.

2. El objeto de la Ley General de Sanidad es:

a) La reforma del sistema sanitario privado.

b) Las necesidades de mejora en los servicios prestados a los ciudadanos extranjeros.

c) La distribución de competencias entre el Estado y las Comunidades Autónomas y las Corporaciones Locales.

d) Hacer efectivo el derecho a la protección de la salud.

3. Según dispone la Ley 14/1986, de 25 de abril, General de Sanidad, son titulares del derecho a la protección de la salud y a la atención sanitaria:

a) Únicamente los ciudadanos andaluces.

b) Todos los españoles.

c) Cualquier ciudadano.

d) Todos los españoles y los ciudadanos extranjeros que tengan establecida su residencia en España.

4. Los medios y actuaciones del sistema sanitario estarán orientadas prioritariamente a:

a) La curación y la rehabilitación.
b) La promoción de la salud.
c) Atender los grupos de riesgos desde el punto de vista sanitario.
d) La promoción de salud y prevención de las enfermedades.

5. ¿Cómo se llaman –según lo dispuesto en la Ley General de Sanidad– las estructuras fundamentales del sistema sanitario en las Comunidades Autónomas, responsabilizadas de la gestión unitaria de los Centros y establecimientos de los Servicios de Salud de las Comunidades Autónomas?

a) Centros hospitalarios.
b) Áreas de Salud.
c) Delegaciones Provinciales de Salud.
d) Centros de Salud.

6. Para conseguir la máxima operatividad y eficacia en el funcionamiento de los servicios a nivel primario, las Áreas de Salud se dividirán:

a) En zonas básicas de salud.
b) En Centros de Salud.
c) En Distritos de Atención Primaria.
d) En Primaria y Especializada.

7. La ordenación territorial de los Servicios de Salud será competencia de:

a) El Estado.
b) Las Comunidades Autónomas.
c) Los Ayuntamientos.
d) Las Diputaciones Provinciales.

8. Según la Ley 14/1986, los centros integrales de atención primaria son:

a) Los hospitales.
b) Los ambulatorios.
c) Los centros de salud.
d) Las clínicas de atención primaria.

9. Cada Área de Salud estará vinculada o dispondrá:

a) De un único hospital general.
b) De al menos dos hospitales.
c) De un máximo de dos hospitales generales.
d) De al menos un hospital general.

10. El marco territorial para la prestación de la Atención Primaria de Salud, se denomina:

a) Distrito de Atención Primaria.
b) Zona Básica de Salud.
c) Centros de Atención Primaria de Salud.
d) Mapa de Atención Primaria de Salud.

11. La Administración sanitaria establecerá sistemas de evaluación de calidad asistencial:

a) Oídos los Colegios Profesionales.
b) Oídas las asociaciones de consumidores.
c) Oídas las organizaciones sindicales sanitarias.
d) Oídas las Sociedades científicas sanitarias.

12. Los hospitales generales del sector privado que lo soliciten serán vinculados al Sistema Nacional de Salud, de acuerdo con:

a) Un Reglamento autonómico.
b) Un Convenio estatal.
c) Un protocolo definido.
d) Una norma comunitaria.

13. Señalar la opción correcta en relación con la vinculación de hospitales de titularidad privada al Sistema Nacional de Salud:

a) La vinculación a la red pública de los hospitales se realizará mediante convenios globales.
b) Los hospitales generales del sector privado serán obligatoriamente vinculados al Sistema Nacional de Salud, cuando las necesidades asistenciales lo justifiquen.
c) La titularidad de las relaciones laborales del personal de los hospitales privados vinculados que en ellos preste sus servicios, corresponderá a la Comunidad Autónoma.
d) El sector privado vinculado mantendrá la titularidad de centros y establecimientos dependientes del mismo.

14. ¿Pueden los hospitales privados vinculados cobrar alguna cantidad a los enfermos en concepto de atenciones no sanitarias?

a) No, en ningún caso.
b) Sí, en cualquier caso.
c) Sí, si previamente son autorizados por la Administración Sanitaria correspondiente el concepto y la cuantía que por él se pretende cobrar.
d) No, solo podrán cobrar por atenciones de tipo sanitario, siempre que sean autorizados por la Administración Sanitaria correspondiente el concepto y la cuantía que por él se pretende cobrar.

15. La Administración sanitaria podrá denunciar un Convenio de vinculación de un hospital privado por la siguiente razón:

a) Prestar atención sanitaria objeto de Convenio contraviniendo el principio de gratuidad.
b) Prestar servicios complementarios no sanitarios.
c) Contratar o despedir personal de carácter laboral sin autorización de la Administración sanitaria.
d) Establecer servicios complementarios sanitarios sin previa autorización.

16. La representación de los ciudadanos en el Consejo de Salud de Área, a través de las Corporaciones Locales comprendidas en su demarcación, supondrá:

a) El 10% de su composición.
b) El 25% de su composición.
c) El 40% de su composición.
d) El 50% de su composición.

17. ¿De cuántos artículos consta la Ley 14/1986 de 25 de abril, General de Sanidad?

a) 109.
b) 111.
c) 113.
d) 116.

18. La Ley 14/1986 de 25 de abril, General de Sanidad, se estructura en:

a) Un Título Preliminar, siete Títulos, diez Disposiciones Adicionales, seis Disposiciones Transitorias, dos Disposiciones Derogatorias y dieciséis Disposiciones Finales.
b) Un Título Preliminar, seis Títulos, diez Disposiciones Adicionales, siete Disposiciones Transitorias, dos Disposiciones Derogatorias y dieciséis Disposiciones Finales.
c) Un Título Preliminar, siete Títulos, diez Disposiciones Adicionales, siete Disposiciones Transitorias, tres Disposiciones Derogatorias y dieciséis Disposiciones Finales.
d) Un Título Preliminar, siete Títulos, diez Disposiciones Adicionales, seis Disposiciones Transitorias, tres Disposiciones Derogatorias y dieciséis Disposiciones Finales.

19. La Ley 14/1986, de 25 de abril, General de Sanidad, establece que las piezas básicas de los Servicios de Salud de las Comunidades Autónomas son:

a) Las Áreas de Salud.
b) Los Distritos Sanitarios.
c) Las Comarcas Sanitarias.
d) Las Zonas de Salud.

20. La Ley 14/1986, de 25 de abril, General de Sanidad, tiene como objeto la regulación general de todas las acciones que permitan hacer efectivo el derecho a la protección de la salud reconocido en el artículo:

a) 15 de la Constitución Española.
b) 19 de la Constitución Española.
c) 33 de la Constitución Española.
d) 43 de la Constitución Española.

En MADTEST tienes **más preguntas de este tema**, y todos tus avances quedan registrados y se reflejan en el ranking.

¡Supera tus límites con MADTEST!

Solución al test n.º 3

1. c) Es el conjunto de los Servicios de Salud de la Administración del Estado y de los Servicios de Salud de las Comunidades Autónomas en los términos establecidos en la Ley General de Sanidad.

2. d) Hacer efectivo el derecho a la protección de la salud.

3. d) Todos los españoles y los ciudadanos extranjeros que tengan establecida su residencia en España.

4. d) La promoción de salud y prevención de las enfermedades.

5. b) Áreas de Salud.

6. a) En zonas básicas de salud.

7. b) Las Comunidades Autónomas.

8. c) Los centros de salud.

9. d) De al menos un hospital general.

10. b) Zona Básica de Salud.

11. d) Oídas las Sociedades científicas sanitarias.

12. c) Un protocolo definido.

13. d) El sector privado vinculado mantendrá la titularidad de centros y establecimientos dependientes del mismo.

14. c) Sí, si previamente son autorizados por la Administración Sanitaria correspondiente el concepto y la cuantía que por él se pretende cobrar.

15. a) Prestar atención sanitaria objeto de Convenio contraviniendo el principio de gratuidad.

16. d) El 50% de su composición.

17. d) 116.

18. a) Un Título Preliminar, siete Títulos, diez Disposiciones Adicionales, seis Disposiciones Transitorias, dos Disposiciones Derogatorias y dieciséis Disposiciones Finales.

19. a) Las Áreas de Salud.

20. d) 43 de la Constitución Española.

Ley de Ordenación Sanitaria de Castilla-La Mancha: competencias de las Administraciones Públicas. El Servicio de Salud de Castilla-La Mancha (SESCAM): funciones, organización y estructura. La ley de derechos y deberes en materia de salud en Castilla-La Mancha. El derecho a la información y a la confidencialidad

1. De las siguientes competencias, corresponde al Consejo de Gobierno de Castilla-La Mancha:

a) Elaborar el reglamento de composición y funcionamiento del Servicio de Salud de Castilla-La Mancha para su remisión al Consejo de Gobierno.

b) Nombrar y cesar a la persona que ocupe la Dirección-Gerencia del Servicio de Salud de Castilla-La Mancha.

c) Programar, ejecutar y evaluar las directrices y los criterios generales de la política y la planificación sanitarias en Castilla-La Mancha.

d) Aprobar la delimitación, dentro de las Áreas de Salud, de las Zonas Básicas de Salud y de cualquier otra ordenación.

2. Señala cuál de las siguientes competencias se atribuye a la Consejería competente en materia de sanidad de Castilla-La Mancha:

a) Aprobar el Plan de Salud de Castilla-La Mancha.

b) Autorizar la celebración de convenios con otras Administraciones públicas para la prestación de servicios sanitarios.

c) Controlar e inspeccionar las actividades del Sistema Sanitario de Castilla-La Mancha y su adecuación al Plan de Salud.

d) Establecer las directrices y los criterios generales de la política sanitaria en Castilla-La Mancha.

3. Corresponde a las Corporaciones locales, en el marco del Plan de Salud de Castilla-La Mancha y de las directrices y Programas de la Administración Sanitaria Regional, las siguientes funciones (señala la opción de respuesta incorrecta):

a) Formar parte de los órganos del Sistema Sanitario Público de Castilla-La Mancha.

b) Ejercer las competencias que en materia de salud pública les atribuye la legislación de régimen local.

c) Elaborar el Registro de Asociaciones Científicas de carácter sanitario de Castilla-La Mancha así como de las Asociaciones de ayuda mutua y autocuidados, cuyos objetivos se relacionen con la salud, sin perjuicio de las competencias que correspondan al Registro General de Asociaciones.

d) Colaborar en la construcción, remodelación y equipamiento de Centros y Servicios sanitarios, así como en su conservación y mantenimiento.

4. Los Ayuntamientos, sin perjuicio de las competencias de las demás Administraciones Públicas, tendrán las siguientes responsabilidades respecto al obligado cumplimiento de las normas y planes sanitarios (señala la respuesta incorrecta):

a) Control sanitario de edificios y lugares de vivienda y convivencia humana, especialmente de los centros de alimentación, peluquerías, saunas y centros de higiene personal, hoteles y centros residenciales, escuelas, campamentos turísticos y áreas de actividad físico-deportiva y de recreo.

b) Control sanitario de la distribución y suministro de alimentos, bebidas y demás productos directa o indirectamente relacionados con el uso o consumo humanos, excepto sus medios de transporte.

c) Control sanitario de industrias, actividades y servicios, transportes, ruidos y vibraciones.

d) Control sanitario de los cementerios y de la sanidad mortuoria.

5. Sobre el Servicio de Salud de Castilla-La Mancha, señala cuál de los siguientes enunciados no es correcto:

a) Es una autoridad administrativa independiente dotada de personalidad jurídica propia y plena capacidad de obrar para el cumplimiento de sus fines.

b) Se crea con el fin de proveer los servicios y gestionar los centros y establecimientos destinados a la atención sanitaria que le sean asignados, así como desarrollar los programas de salud que se le encomienden con el objetivo final de proteger y mejorar el nivel de salud de la población.

c) Entre sus funciones se encuentra la de estimular a la formación continuada, a la docencia y a la investigación científica en el ámbito de la salud.

d) Podrá gestionar los centros, servicios y establecimientos sanitarios de asistencia sanitaria a la población propios de la Administración Regional.

6. Señala cuál de las siguientes funciones no es propia del Servicio de Salud de Castilla-La Mancha:

a) La gestión de los recursos humanos, materiales y financieros que le sean asignados.

b) La gestión de las prestaciones farmacéuticas.

c) La ejecución y gestión de las prestaciones sanitarias.

d) Elaborar y proponer al órgano competente el Plan de Salud.

7. La Dirección General de Asistencia Sanitaria:

a) Es un órgano periférico del Servicio de Salud de Castilla-La Mancha.

b) Es un órgano central del Servicio de Salud de Castilla-La Mancha adscrito a su Consejo de Administración.

c) Es una Viceconsejería bajo la dirección de la Dirección-Gerencia del Servicio de Salud de Castilla-La Mancha.

d) Ninguna de las respuestas anteriores es correcta.

8. El Consejo de Administración del Servicio de Salud de Castilla-La Mancha estará integrado, por:

a) 5 miembros en representación de las Corporaciones Locales, de las Organizaciones Sindicales y Empresariales más representativas de Castilla-La Mancha, de las Asociaciones de Consumidores y Usuarios y de las Asociaciones de Vecinos.

b) La Presidencia, cuyo cargo ejercerá la persona que sea titular de la Consejería competente en materia de sanidad, sus delegados provinciales, quien esté al cargo de la Dirección-Gerencia del Servicio de Salud y un número no superior a diez representantes de la Administración de la Comunidad Autónoma.

c) Las respuestas a) y b) son correctas.

d) Ninguna de las respuestas anteriores es correcta.

9. ¿Quién es el representante legal del Servicio de Salud de Castilla-La Mancha?

a) La persona que ocupe la Presidencia del Consejo de Administración.

b) El Consejo de Administración.

c) La persona que ocupe la Dirección-Gerencia.

d) La persona que ocupe la Secretaría General.

10. Además de proporcionar asistencia técnico-administrativa a la Dirección-Gerencia del Servicio de Salud de Castilla-La Mancha, y el régimen interior, a la Secretaría General del Servicio de Salud de Castilla-La Mancha, le corresponde:

a) La toma de decisiones sobre los recursos sanitarios destinados a la atención de urgencias, emergencias y catástrofes, a través del Centro o los Centros de Coordinación de Urgencias del SESCAM.

b) El análisis, propuesta y gestión del modelo retributivo del personal del SESCAM.

c) La gestión de la prestación farmacéutica y productos dietéticos del Sistema Nacional de Salud, en el ámbito del SESCAM.

d) La gestión de los servicios generales de los Servicios Centrales del SESCAM, incluida la coordinación administrativa y la contratación necesaria para el funcionamiento de los mismos.

11. La promoción de la mejora continua de la práctica clínica, así como la excelencia en la gestión de los procesos de atención a los ciudadanos en los centros y unidades asistenciales dependientes del SESCAM y su reconocimiento según el modelo de gestión de calidad designado por el SESCAM, es una función que corresponde ejercer a:

a) Dirección General de Cuidados y Calidad.

b) La Dirección General de Recursos Humanos.

c) La Secretaría General.

d) La Dirección General de Atención Primaria.

12. La Dirección General de Recursos Humanos desarrollará las siguientes funciones (señala la respuesta incorrecta):

a) La elaboración de la normativa e instrucciones en materia de recursos humanos.

b) La propuesta de realización de contratos, conciertos y convenios con centros y servicios ajenos, en el ámbito de la prestación de asistencia sanitaria.

c) La planificación, diseño, aplicación y coordinación de los programas de actuación preventiva, la promoción de la salud laboral, análisis de los accidentes de trabajo y la elaboración de estudios y asesoramiento en materia de salud laboral.

d) Las relaciones con las organizaciones sindicales en el ámbito del SESCAM, la participación, coordinación, evaluación, seguimiento y elaboración, en su caso, de las propuestas concernientes a acuerdos relativos a la negociación con los sindicatos en materia de personal.

13. Los órganos de dirección y gestión de los recursos y centros de atención primaria y especializada que les sean asignados por la Dirección-Gerencia del SESCAM son:

a) Las gerencias de atención especializada.

b) Las gerencias de ámbito regional.

c) Las gerencias de atención primaria.

d) Las gerencias de atención integrada.

14. La Gerencia de Urgencias, Emergencias y Transporte Sanitario con atribuciones en materia de dirección y gestión de los recursos y centros que les sean asignados por la Dirección-Gerencia del SESCAM para la atención de situaciones de urgencia, emergencia y catástrofe, así como el transporte sanitario, en coordinación con los recursos de las otras gerencias:

a) Es una gerencia de atención especializada.

b) Es una gerencia de ámbito regional.

c) Es una gerencia de atención primaria.

d) Es una gerencia de atención integrada.

15. El derecho a la asistencia sanitaria, la libre elección de profesional sanitario, la segunda opinión médica, el derecho sobre los tejidos o muestras biológicas, la garantía de tiempos máximos de respuesta, los relacionados con pacientes especialmente protegidos, la obtención de medicamentos y el derecho al acompañamiento, se califican en la Ley 5/2010, de 24 de junio, sobre derechos y deberes en materia de salud de Castilla-La Mancha, como:

a) Derechos relativos a la autonomía de la voluntad.

b) Derechos relativos a la documentación sanitaria.

c) Derechos relacionados con los servicios asistenciales.

d) Derechos relativos a la información sanitaria.

16. En relación con los derechos relativos a la intimidad y la confidencialidad, reconocidos en la Ley 5/2010, de 24 de junio, sobre derechos y deberes en materia de salud de Castilla-La Mancha, es correcto que:

a) Los centros, servicios y establecimientos sanitarios vigilarán que se guarde la confidencialidad de los datos referidos a la ideología, religión, creencias, origen racial, vida sexual, al hecho de haber sido objeto de malos tratos y, en general, cuantos datos o informaciones puedan tener especial relevancia para la salvaguarda de la intimidad personal y familiar.

b) Las personas que, en ejercicio de sus funciones, tengan acceso a los datos resultantes de la realización de los análisis genéticos podrán quedar sujetas al deber de secreto.

c) El derecho de confidencialidad no comprende la información referida al patrimonio genético.

d) Cuando la información obtenida, según criterio del médico responsable, sea necesaria para evitar un grave perjuicio para la salud del paciente y la de sus familiares, se informará al propio paciente y a un familiar próximo o, en su caso, a sus representantes, previa consulta del Comité de Ética Asistencial si lo hubiera.

17. En relación con la regulación del derecho a la información asistencial prevista en la Ley 5/2010, de 24 de junio, sobre derechos y deberes en materia de salud de Castilla-La Mancha, señala la respuesta incorrecta:

a) Deberá respetarse la voluntad del paciente de no ser informado. La renuncia al derecho a ser informado deberá formularse por cualquier medio que permita dejar constancia y se incorporará a la historia clínica.

b) El titular del derecho a la información asistencial es el paciente. Se informará a las personas vinculadas a él por razones familiares o de hecho en la medida en que este lo permita expresa o tácitamente.

c) Sin perjuicio del derecho del menor a recibir información sobre su salud en un lenguaje adecuado a su edad, madurez y estado psicológico, en el caso de menores de 16 años no emancipados se informará también a los padres o tutores.

d) Todas las respuestas anteriores son correctas.

18. La autonomía de la voluntad del paciente comprende:

a) La libertad para negarse a recibir un procedimiento diagnóstico, pronóstico o terapéutico.

b) La libertad para poder en todo momento revocar una anterior decisión sobre su propia salud.

c) La libertad para elegir de forma autónoma entre las distintas opciones que exponga el profesional sanitario responsable.

d) Todas las respuestas anteriores son correctas.

19. El consentimiento informado:

a) Se prestará por escrito, por regla general.

b) Será verbal en los procedimientos diagnósticos y terapéuticos invasores.

c) Se prestará por escrito en los procedimientos que impliquen riesgos o inconvenientes de notoria y previsible repercusión negativa sobre la salud del paciente.

d) Será verbal en determinados casos.

20. Sobre la Declaración de Voluntades Anticipadas en materia de la propia salud, es correcto que:

a) Toda persona mayor de edad, que actúe libremente y que no se encuentre incapacitada judicialmente para emitirla, podrá formular la Declaración de Voluntades Anticipadas.

b) La Declaración de Voluntades Anticipadas tendrá, en todo o en parte, el siguiente contenido: los cuidados y tratamientos relacionados con su salud que desee recibir o no recibir y, una vez llegado el fallecimiento, la decisión sobre el destino de su cuerpo y sobre los órganos del mismo.

c) Las voluntades anticipadas, formalizadas en un documento conforme lo dispuesto en la Ley 6/2005, de 7 de julio, obligarán al médico, al equipo sanitario o a cuantas personas deban ejecutar lo dispuesto en las mismas.

d) Todas las respuestas anteriores son correctas.

En MADTEST tienes **más preguntas de este tema**, y todos tus avances quedan registrados y se reflejan en el ranking.

¡Supera tus límites con MADTEST!

Solución al test n.º 4

1. b) Nombrar y cesar a la persona que ocupe la Dirección-Gerencia del Servicio de Salud de Castilla-La Mancha.

2. c) Controlar e inspeccionar las actividades del Sistema Sanitario de Castilla-La Mancha y su adecuación al Plan de Salud.

3. c) Elaborar el Registro de Asociaciones Científicas de carácter sanitario de Castilla-La Mancha así como de las Asociaciones de ayuda mutua y autocuidados, cuyos objetivos se relacionen con la salud, sin perjuicio de las competencias que correspondan al Registro General de Asociaciones.

4. b) Control sanitario de la distribución y suministro de alimentos, bebidas y demás productos directa o indirectamente relacionados con el uso o consumo humanos, excepto sus medios de transporte.

5. a) Es una autoridad administrativa independiente dotada de personalidad jurídica propia y plena capacidad de obrar para el cumplimiento de sus fines.

6. d) Elaborar y proponer al órgano competente el Plan de Salud.

7. c) Es una Viceconsejería bajo la dirección de la Dirección-Gerencia del Servicio de Salud de Castilla-La Mancha.

8. d) Ninguna de las respuestas anteriores es correcta.

9. c) La persona que ocupe la Dirección-Gerencia.

10. d) La gestión de los servicios generales de los Servicios Centrales del SESCAM, incluida la coordinación administrativa y la contratación necesaria para el funcionamiento de los mismos.

11. a) Dirección General de Cuidados y Calidad.

12. b) La propuesta de realización de contratos, conciertos y convenios con centros y servicios ajenos, en el ámbito de la prestación de asistencia sanitaria.

13. d) Las gerencias de atención integrada.

14. b) Es una gerencia de ámbito regional.

15. c) Derechos relacionados con los servicios asistenciales.

16. a) Los centros, servicios y establecimientos sanitarios vigilarán que se guarde la confidencialidad de los datos referidos a la ideología, religión, creencias, origen racial, vida sexual, al hecho de haber sido objeto de malos tratos y, en general, cuantos datos o informaciones puedan tener especial relevancia para la salvaguarda de la intimidad personal y familiar.

17. a) Deberá respetarse la voluntad del paciente de no ser informado. La renuncia al derecho a ser informado deberá formularse por cualquier medio que permita dejar constancia y se incorporará a la historia clínica.

18. d) Todas las respuestas anteriores son correctas.

19. c) Se prestará por escrito en los procedimientos que impliquen riesgos o inconvenientes de notoria y previsible repercusión negativa sobre la salud del paciente.

20. d) Todas las respuestas anteriores son correctas.

TEST N.º 5

El Estatuto Marco del Personal Estatutario de los Servicios de Salud: normas generales. Clasificación del personal estatutario. Derechos y deberes. Adquisición y pérdida de la condición de personal estatutario fijo. Provisión de Plazas, selección y promoción interna. Movilidad del personal. Carrera profesional. Retribuciones. Jornada de trabajo, permisos y licencias. Situaciones del personal estatutario. Régimen disciplinario. Incompatibilidades. Representación, participación y negociación colectiva

1. El Estatuto Marco del Personal Estatutario de los Servicios de Salud está regulado por:

a) Una Ley orgánica.
b) Una Ley ordinaria.
c) Un Real Decreto.
d) Un Reglamento.

2. La Ley 55/2003 del Estatuto Marco de Personal Estatutario de los Servicios de Salud es aplicable:

a) Al personal estatutario de los servicios de salud.
b) Al personal sanitario excluyendo al personal de gestión y servicios.
c) Al personal funcionario de las Comunidades Autónomas.
d) Al personal funcionario del Estado.

3. Conforme a lo dispuesto en el artículo 2.2 de la Ley 55/2003, de 16 de diciembre, del Estatuto Marco del personal estatutario de los servicios de salud, en lo no previsto en la misma serán aplicables al personal estatutario:

a) Las disposiciones y principios generales sobre función pública de la Administración correspondiente.
b) Las disposiciones de derecho laboral, dictadas al amparo del artículo 149.1.7º de la Constitución.

c) Las disposiciones sobre función pública de la Administración del Estado, en todo caso, conforme a lo dispuesto en el artículo 149.3 de la Constitución.

d) El convenio colectivo del personal laboral al servicio de la Administración correspondiente.

4. La Ley 55/2003 del Estatuto Marco de Personal Estatutario de los Servicios de Salud es de aplicación:

a) Al personal estatutario que integra las profesiones sanitarias.

b) Al personal estatutario que desempeña su función en los centros e instituciones sanitarias de los servicios de salud.

c) Al personal funcionario de los servicios de salud de las Comunidades Autónomas.

d) Al personal sanitario, excluyendo el personal de gestión y servicios.

5. El Estatuto Marco del personal estatutario considera a este personal como titular de una relación:

a) Funcionarial común.

b) Laboral común.

c) Estatutaria de la Seguridad Social.

d) Funcionarial especial.

6. El Estatuto Marco clasifica al personal estatutario de los servicios de salud, atendiendo a la función desarrollada, al nivel del título exigido para el ingreso y al tipo de su nombramiento en:

a) Personal estatutario sanitario y personal estatutario de gestión y servicios.

b) Personal estatutario facultativo, personal estatutario sanitario y personal no sanitario.

c) Personal estatutario de gestión y servicios y personal estatutario facultativo.

d) Todas las respuestas son correctas.

7. El personal estatutario con nombramiento expedido para el ejercicio de una profesión o especialidad sanitaria se denomina:

a) Personal sanitario.

b) Otro personal.

c) Personal de mantenimiento.

d) Personal de gestión y servicios.

8. El personal estatutario con nombramiento expedido para el desempeño de funciones de gestión o para el desempeño de profesiones u oficios que no tengan carácter sanitario se denomina:

a) Personal universitario.

b) Personal de gestión y servicios.

c) Personal directivo.

d) Personal administrativo.

9. Según establece el art. 8 de la Ley 55/2003, de 16 de diciembre, del Estatuto Marco de los Servicios de Salud, es personal estatutario fijo:

a) El que, una vez superado el correspondiente proceso selectivo, obtiene un nombramiento para el desempeño, con carácter permanente, de las funciones que de tal nombramiento se deriven.

b) Todo el personal al servicio de los Servicios de Salud.

c) El personal que realice una prestación de servicios determinados de naturaleza temporal, coyuntural o extraordinaria.

d) El personal en posesión de un contrato laboral indefinido.

10. Conforme al artículo 9.1 del Estatuto Marco (en redacción dada por el Real Decreto-ley 12/2022, de 5 de julio, por el que se modifica la Ley 55/2003, de 16 de diciembre, del Estatuto Marco del personal estatutario de los servicios de salud) los nombramientos del Personal Estatutario Temporal de los Servicios de Salud serán:

a) Únicamente de Personal Estatutario Sanitario.

b) Personal Estatutario Contratado.

c) De interinidad.

d) Como Personal Laboral.

11. No es un principio básico de la provisión de plazas del personal estatutario:

a) Igualdad, mérito, capacidad y publicidad en la selección, promoción y movilidad del personal de los servicios de salud.

b) Movilidad del personal en el conjunto de las Administraciones Públicas.

c) Coordinación, cooperación y mutua información entre las Administraciones sanitarias públicas.

d) Integración en el régimen organizativo y funcional del servicio de salud y de sus instituciones y centros.

12. La provisión de plazas de personal estatutario se realizará:

a) Por los sistemas de selección de personal, de promoción interna y de movilidad.

b) Por los sistemas de selección de personal y movilidad.

c) Por los sistemas de selección y provisión de puestos.

d) Por los sistemas de selección de personal, de promoción interna y de movilidad, así como por reingreso al servicio activo en los supuestos y mediante el procedimiento que en cada servicio de salud se establezcan.

13. Para el ingreso en el subgrupo C1 de las categorías de personal estatutario, se exige la titulación:

a) De graduado en educación secundaria obligatoria.

b) De bachiller o técnico.

c) De técnico superior.
d) De certificado de escolaridad.

14. La selección del personal estatutario se efectuará mediante procedimientos que garanticen:

a) Los principios de igualdad y mérito.
b) Los principios de igualdad, mérito y celeridad.
c) Los principios de igualdad, mérito, celeridad y competencia.
d) Los principios de igualdad, mérito, capacidad y competencia.

15. La selección del personal estatutario se efectuará con carácter general a través del sistema:

a) De oposición.
b) De concurso-oposición.
c) De concurso de méritos.
d) De libre designación.

16. La ley 55/2003 estructura el sistema retributivo del personal estatutario en:

a) Retribuciones básicas, complementarias y productividad.
b) Retribuciones básicas, complementarias y específicas.
c) Retribuciones básicas, complementarias y pagas extra.
d) Retribuciones básicas y complementarias.

17. Conforme al Estatuto Marco del Personal Estatutario, las retribuciones básicas son:

a) El sueldo, los trienios y las pagas extraordinarias.
b) El salario base, los trienios y las pagas extras.
c) El sueldo, los quinquenios y las pagas extraordinarias.
d) Ninguna es correcta.

18. No es una retribución complementaria:

a) El complemento de destino.
b) El complemento específico.
c) El complemento de productividad.
d) El complemento de antigüedad.

19. El complemento de productividad:

a) Remunera al personal para atender a los usuarios de los servicios sanitarios de manera permanente.
b) Retribuye las condiciones particulares de algunos puestos en atención a su especial dificultad técnica, dedicación, responsabilidad, incompatibilidad, peligrosidad o penosidad.

c) Es el correspondiente al puesto que desempeñe.
d) Retribuye al especial rendimiento, interés o la iniciativa del titular del puesto.

20. El complemento específico:

a) Remunera al personal para atender a los usuarios de los servicios sanitarios de manera permanente.

b) Retribuye las condiciones particulares de algunos puestos en atención a su especial dificultad técnica, dedicación, responsabilidad, incompatibilidad, peligrosidad o penosidad.

c) Es el correspondiente al nivel del puesto que se desempeñe.

d) Retribuye el especial rendimiento, interés o la iniciativa del titular del puesto.

En MADTEST tienes **más preguntas de este tema**, y todos tus avances quedan registrados y se reflejan en el ranking.

¡Supera tus límites con MADTEST!

Solución al test n.º 5

1. b) Una Ley ordinaria.

2. a) Al personal estatutario de los servicios de salud.

3. a) Las disposiciones y principios generales sobre función pública de la Administración correspondiente.

4. b) Al personal estatutario que desempeña su función en los centros e instituciones sanitarias de los servicios de salud.

5. d) Funcionarial especial.

6. a) Personal estatutario sanitario y personal estatutario de gestión y servicios.

7. a) Personal sanitario.

8. b) Personal de gestión y servicios.

9. a) El que, una vez superado el correspondiente proceso selectivo, obtiene un nombramiento para el desempeño, con carácter permanente, de las funciones que de tal nombramiento se deriven.

10. c) De interinidad.

11. b) Movilidad del personal en el conjunto de las Administraciones Públicas.

12. d) Por los sistemas de selección de personal, de promoción interna y de movilidad, así como por reingreso al servicio activo en los supuestos y mediante el procedimiento que en cada servicio de salud se establezcan.

13. b) De bachiller o técnico.

14. d) Los principios de igualdad, mérito, capacidad y competencia.

15. b) De concurso-oposición.

16. d) Retribuciones básicas y complementarias.

17. a) El sueldo, los trienios y las pagas extraordinarias.

18. d) El complemento de antigüedad.

19. d) Retribuye al especial rendimiento, interés o la iniciativa del titular del puesto.

20. b) Retribuye las condiciones particulares de algunos puestos en atención a su especial dificultad técnica, dedicación, responsabilidad, incompatibilidad, peligrosidad o penosidad.

TEST N.º 6

La asistencia especializada. El área sanitaria. Los hospitales y los centros de especialidades. Estructura, organización y funcionamiento de los Hospitales

1. ¿En qué se diferencia la Atención Especializada de la Atención Primaria?

a) En que la Atención Especializada se presta en régimen ambulatorio y la Atención Primaria no.
b) En que la Atención Especializada se presta en régimen de urgencias y la Atención Primaria no.
c) En que sólo la Atención Especializada ofrece la asistencia en régimen de internamiento.
d) Todas las respuestas son correctas.

2. ¿Cuál es la estructura física fundamental de la Atención Especializada?

a) El Centro de Salud.
b) El Ambulatorio.
c) El Consultorio.
d) El Hospital.

3. Uno de los objetivos de la Atención Especializada es:

a) Prestar asistencia ambulatoria especializada.
b) Posibilitar la hospitalización de los pacientes que lo precisen.
c) Poner sus Centros e Instituciones a disposición de la investigación y docencia en materia de salud.
d) Todas las respuestas son correctas.

4. Conforme a lo establecido en el artículo 65 de la LGS, los hospitales quedan adscritos a:

a) Un Distrito Sanitario.
b) Una Zona de Salud.
c) Un Área de Salud.
d) Una Demarcación Médica.

5. Los Servicios jerarquizados de Especialidades que por sus características deban prestar asistencia sanitaria a más de un Área de Salud se denominan:

a) Servicios de referencia.
b) Servicios comunes.
c) Servicios de área.
d) Servicios base.

6. Los hospitales tienen como función primordial la de:

a) Prestación de asistencia especializada.
b) Promoción de la salud.
c) Prevención de las enfermedades.
d) Todas las respuestas son correctas.

7. Las Gerencias de Atención Especializada del SESCAM se crean por:

a) Ley de la Asamblea de Castilla-La Mancha.
b) Decreto del Consejo de Gobierno de Castilla-La Mancha.
c) Orden del titular de la Consejería competente en materia de atención sanitaria.
d) Resolución del Director-Gerente del SESCAM.

8. El acceso a los servicios hospitalarios se efectuará una vez que las posibilidades de diagnóstico y tratamiento de los servicios de atención primaria hayan sido superadas, salvo:

a) Que así lo autorice expresamente la dirección del centro.
b) En los casos de fuerza mayor.
c) En los casos de urgencia vital.
d) No caben excepciones a esta norma.

9. Los servicios y actividades de los hospitales se agrupan en las siguientes Divisiones:

a) Gerencia, División Médica, División de Enfermería y División de Gestión y Servicios Generales.
b) Secretaría, División Médica, División de Enfermería y División de Gestión.
c) Secretaría, División Técnica, División Médica y División de Enfermería.
d) Gerencia, Secretaría, División Médica y División de Gestión y Servicios Generales.

10. Según el artículo 44.3 de la Ley 8/2000, de 30 de noviembre, de Ordenación Sanitaria de Castilla-La Mancha, constituye el marco fundamental para el desarrollo de los programas de promoción de la salud y prevención de la enfermedad:

a) El Área de Salud.
b) La Zona Básica de Salud.

c) El Centro de Salud.
d) El Hospital.

11. ¿Cuál es el órgano unipersonal de dirección y gestión de cada División?

a) El Director Técnico General de la División.
b) El Director de la División.
c) El Gerente.
d) El Secretario.

12. ¿De quién dependen orgánica y funcionalmente los Directores de las Divisiones Médica, de Enfermería y de Gestión y de Servicios Generales?

a) Del Director Gerente.
b) Del Secretario General.
c) Del Director Médico del Área de Salud.
d) Del Subdirector Técnico General.

13. ¿A quién corresponde la representación del hospital y la superior autoridad y responsabilidad dentro del mismo?

a) Al Director Gerente.
b) Al Director Médico.
c) Al Director de Gestión y Personal.
d) Al Director de Enfermería.

14. ¿Cuál de las siguientes áreas de actividad no queda adscrita a la Gerencia del hospital?

a) Control de gestión.
b) Admisión.
c) Recepción e información.
d) Estadística.

15. ¿A quién corresponde asegurar el desarrollo del Programa de Actividad y Control Asistencial, así como la organización de la docencia e investigación de Enfermería?

a) Al Director Gerente.
b) Al Director Médico.
c) Al Director de Enfermería.
d) Al Director de Gestión y Personal.

16. Corresponde al Director de Gestión y Servicios Generales el ejercicio de la siguiente función:

a) Desarrollar las funciones de gestión de personal.
b) Asegurar el desarrollo del Programa de Actividad y Control Asistencial, así como la organización de la docencia e investigación de Enfermería.

c) Definir y desarrollar los objetivos de la Enfermería del Hospital y Centros adscritos.
d) Todas las respuestas son correctas.

17. ¿A qué División queda adscrita el área de orden interno y seguridad y obras y mantenimiento?

a) A la División de Gestión y Servicios Generales.
b) A la División de Enfermería.
c) A la División Médica.
d) A la Gerencia.

18. ¿Quién preside la Comisión de Dirección en los hospitales en los que no existe Director Gerente?

a) El Director de Enfermería.
b) El Director Médico.
c) El Director de Personal.
d) El Subdirector Gerente.

19. ¿Con qué periodicidad se reúne la Comisión de Dirección?

a) Anualmente.
b) Semestralmente.
c) Trimestralmente.
d) Semanalmente.

20. ¿Cuál es el órgano colegiado de asesoramiento de la Comisión de Dirección del hospital, en lo relativo a actividad asistencial, así como de participación de los profesionales en el mecanismo de toma de decisiones que afecten a sus actividades?

a) La Comisión de Bienestar Social.
b) La Junta Técnico-Asistencial.
c) La Comisión Central de Garantía de la Calidad.
d) El Consejo Nacional de Asistencia Sanitaria.

En MADTEST tienes **más preguntas de este tema**, y todos tus avances quedan registrados y se reflejan en el ranking.

¡Supera tus límites con MADTEST!

Solución al test n.º 6

1. c) En que sólo la Atención Especializada ofrece la asistencia en régimen de internamiento.

2. d) El Hospital.

3. d) Todas las respuestas son correctas.

4. c) Un Área de Salud.

5. a) Servicios de referencia.

6. d) Todas las respuestas son correctas.

7. c) Orden del titular de la Consejería competente en materia de atención sanitaria.

8. c) En los casos de urgencia vital.

9. a) Gerencia, División Médica, División de Enfermería y División de Gestión y Servicios Generales.

10. a) El Área de Salud.

11. b) El Director de la División.

12. a) Del Director Gerente.

13. a) Al Director Gerente.

14. d) Estadística.

15. c) Al Director de Enfermería.

16. a) Desarrollar las funciones de gestión de personal.

17. a) A la División de Gestión y Servicios Generales.

18. b) El Director Médico.

19. d) Semanalmente.

20. b) La Junta Técnico-Asistencial.

La Ley de Prevención de Riesgos Laborales: derechos y obligaciones; consulta y participación de los trabajadores. Plan General de Prevención del SESCAM. Normas de trabajo seguro para trabajadores en cocina. Actuación en caso de incendio y/o evacuación. Plan Perseo: procedimiento de prevención, detección y actuación frente a situaciones de conflicto entre trabajadores del Servicio de Salud de Castilla-La Mancha. Procedimiento de actuación ante una situación de violencia en el centro de trabajo

1. Los representantes de los trabajadores con competencia en materia de prevención de riesgos laborales son:

a) Los miembros de la Junta de personal, Junta Facultativo y Junta de Enfermería.
b) Los técnicos de prevención de riesgos laborales.
c) El Servicio de Medicina Preventiva.
d) Los delegados de prevención.

2. ¿Qué se entiende por "riesgo laboral"?

a) La posibilidad de que un trabajador sufra un determinado daño derivado del trabajo.
b) La posibilidad de que un trabajador sufra una enfermedad en el trabajo.
c) La posibilidad de que un trabajador sufra acoso.
d) El riesgo que supone el ir a trabajar.

3. ¿Quién debe garantizar a los trabajadores la vigilancia periódica de su estado de salud en función de los riesgos inherentes al trabajo?

a) La Inspección de Trabajo.
b) El propio trabajador.
c) El empresario.
d) Las secciones sindicales.

4. Indica cuál es la definición de prevención:

a) La probabilidad racional de que un riesgo se materialice de forma inminente.
b) El estudio de los procesos potencialmente peligrosos para el trabajo.
c) Conjunto de actividades o medidas adoptadas o previstas en todas las fases de actividad de la empresa con el fin de evitar o disminuir los riesgos derivados del trabajo.
d) Posibilidad de que un trabajador sufra un determinado daño derivado del trabajo.

5. ¿Cuál es la vigente Ley de Prevención de Riesgos Laborales?

a) Ley 32/1995, de 8 de noviembre.
b) Ley 30/1996, de 8 de noviembre.
c) Ley 31/1995, de 6 de noviembre.
d) Ley 31/1995, de 8 de noviembre.

6. Entre los principios de la acción preventiva recogidos por el artículo 15 de la Ley de Prevención de Riesgos Laborales, no figura:

a) Evitar los riesgos.
b) Evaluar los riesgos que se puedan evitar.
c) Tener en cuenta la evolución de la técnica.
d) Dar las debidas instrucciones a los trabajadores.

7. ¿Cuántos delegados de prevención se deberán elegir en empresas entre 3001 y 4000 trabajadores?

a) 5.
b) 6.
c) 7.
d) 8.

8. Según la Ley de Prevención de Riesgos Laborales, se constituirá un Comité de Seguridad y Salud en todas las empresas o centros de trabajo que cuenten con:

a) 30 o más trabajadores.
b) 50 o más trabajadores.
c) 75 o más trabajadores.
d) 100 o más trabajadores.

9. Entre las obligaciones de los trabajadores recogidas por la Ley de Prevención de Riesgos Laborales, no figura:

a) Informar directamente al empresario de cualquier situación que entrañe riesgo para la seguridad o salud de los trabajadores.
b) Contribuir al cumplimiento de las obligaciones establecidas por la autoridad competente con el fin de proteger la seguridad y la salud de los trabajadores en el trabajo.

c) Cooperar con el empresario para que este pueda garantizar unas condiciones de trabajo que sean seguras y no entrañen riesgos para la seguridad y la salud de los trabajadores.

d) Utilizar correctamente los medios y equipos de protección facilitados por el empresario, de acuerdo con las instrucciones recibidas de este.

10. El órgano paritario y colegiado de participación destinado a la consulta regular y periódica de las actuaciones de la empresa en materia de prevención de riesgos, es:

a) El Comité de Empresa.
b) El Consejo de Vigilancia de la Prevención.
c) La Comisión de Evaluación de Riesgos Laborales.
d) El Comité de Seguridad y Salud.

11. La evaluación de los riesgos laborales es:

a) Es un proceso técnico en la organización del trabajo.
b) Un proceso dirigido a estimar la magnitud de los riesgos que no hayan podido evitarse.
c) Es un procedimiento estático.
d) Es una práctica para el control y la protección de los trabajadores.

12. Según establece el art. 4 de la Ley 31/1995, de 8 de noviembre, de Prevención de Riesgos Laborales, se define como daños derivados del trabajo:

a) La posibilidad de que un trabajador sufra un determinado daño derivado del trabajo.
b) El que resulte probable racionalmente que se materialice en un futuro inmediato y pueda suponer y pueda suponer un daño grave para la salud de los trabajadores.
c) Las enfermedades, patologías o lesiones sufridas con motivo u ocasión del trabajo.
d) Cualquier máquina, aparato, instrumento o instalación utilizada en el trabajo.

13. El art. 21 de la LPRL establece los requisitos y el procedimiento para que los representantes legales de los trabajadores acuerden la paralización de la actividad de los trabajadores que están o puedan estar expuestos a un riesgo grave e inminente si el empresario no adopta las medidas necesarias para garantizar la seguridad y salud de los trabajadores. La medida será adoptada por:

a) Acuerdo por mayoría absoluta de sus miembros. Tal acuerdo será comunicado de inmediato a la empresa y a la autoridad laboral, la cual, en el plazo de 48 horas, anulará o ratificará la paralización acordada.
b) Acuerdo por mayoría de 2/3 de sus miembros. Tal acuerdo será comunicado de inmediato a la empresa y a la autoridad laboral, la cual, en el plazo de 24 horas, anulará o ratificará la paralización acordada.

c) Acuerdo por mayoría de sus miembros. Tal acuerdo será comunicado de inmediato a la empresa y a la autoridad laboral, la cual, en el plazo de 48 horas, anulará o ratificará la paralización acordada.

d) Acuerdo por mayoría de sus miembros. Tal acuerdo será comunicado de inmediato a la empresa y a la autoridad laboral, la cual, en el plazo de 24 horas, anulará o ratificará la paralización acordada.

14. El art. 23 de la LPRL establece la documentación que el empresario debe elaborar y conservar a disposición de la autoridad laboral. De las siguientes no está incluido:

a) El Plan de prevención de riesgos laborales.

b) Evaluación de los riesgos para la seguridad y la salud en el trabajo.

c) La planificación de la actividad laboral.

d) La relación de accidentes de trabajo y enfermedades profesionales que hayan causado al trabajador una incapacidad laboral superior a un día de trabajo.

15. El art. 29 de la LPRL establece las obligaciones de los trabajadores en materia de prevención de riesgos. De las siguientes no se considera una obligación del trabajador:

a) Utilizar correctamente los medios y equipos de protección facilitados por el empresario, de acuerdo con las instrucciones recibidas de este.

b) Usar adecuadamente, de acuerdo con su naturaleza y los riesgos previsibles, las máquinas, aparatos, herramientas, sustancias peligrosas, equipos de transporte y, en general, cualesquiera otros medios con los que desarrollen su actividad.

c) Informar de inmediato a su superior jerárquico directo, y a los trabajadores designados para realizar las actualizaciones que consideren oportunas en el equipo de protección individual.

d) No poner fuera de funcionamiento y utilizar correctamente los dispositivos de seguridad existentes o que se instalen en los medios relacionados con su actividad o en los lugares de trabajo en los que esta tenga lugar.

16. Señale la afirmación incorrecta en relación con el art. 35 de la LPRL:

a) Los Delegados de Prevención son los representantes de los trabajadores con funciones específicas en materia de prevención de riesgos en el trabajo.

b) Los Delegados de Prevención serán designados por y entre los representantes del personal.

c) En una empresa de dos mil quinientos trabajadores existirán 6 Delegados de Prevención.

d) En las empresas de treinta y un trabajadores el Delegado de Prevención será el Delegado de Personal.

17. Los instrumentos esenciales para la gestión y aplicación del Plan de prevención de riesgos laborales son:

a) La evaluación de riesgos y la planificación de la actividad preventiva.

b) La evaluación inicial de riesgos y la formación.

c) La planificación y la gestión de la actividad preventiva.
d) La identificación y la evaluación de los riesgos.

18. El posible cambio de puesto de trabajo con riesgo para una trabajadora embarazada:

a) Deberá realizarse en caso de imposibilidad de adaptación del propio puesto.
b) Se hará previo informe en tal sentido del Servicio de Prevención.
c) Se determinará por el empresario, y dará información a los representantes de los trabajadores.
d) Se extenderá al período de lactancia.

19. La prevención de riesgos laborales deberá integrarse en el sistema general de gestión de la empresa a través de:

a) La política preventiva.
b) El plan de prevención.
c) El consenso de las partes.
d) El poder de decisión del empresario.

20. La acción preventiva en la empresa:

a) Se planificará por el Comité de Seguridad y Salud a partir de una evaluación inicial de riesgos.
b) Se planificará por los Delegados de Prevención a partir de una evaluación inicial de riesgos.
c) Se planificará por el empresario a partir de una evaluación inicial de riesgos.
d) Se planificará por los Delegados de Personal a partir de una evaluación inicial de riesgos.

En MADTEST tienes **más preguntas de este tema**, y todos tus avances quedan registrados y se reflejan en el ranking.

¡Supera tus límites con MADTEST!

Solución al test n.º 7

1. d) Los delegados de prevención.

2. a) La posibilidad de que un trabajador sufra un determinado daño derivado del trabajo.

3. c) El empresario.

4. c) Conjunto de actividades o medidas adoptadas o previstas en todas las fases de actividad de la empresa con el fin de evitar o disminuir los riesgos derivados del trabajo.

5. d) Ley 31/1995, de 8 de noviembre.

6. b) Evaluar los riesgos que se puedan evitar.

7. c) 7.

8. b) 50 o más trabajadores.

9. a) Informar directamente al empresario de cualquier situación que entrañe riesgo para la seguridad o salud de los trabajadores.

10. d) El Comité de Seguridad y Salud.

11. b) Un proceso dirigido a estimar la magnitud de los riesgos que no hayan podido evitarse.

12. c) Las enfermedades, patologías o lesiones sufridas con motivo u ocasión del trabajo.

13. d) Acuerdo por mayoría de sus miembros. Tal acuerdo será comunicado de inmediato a la empresa y a la autoridad laboral, la cual, en el plazo de 24 horas, anulará o ratificará la paralización acordada.

14. c) La planificación de la actividad laboral.

15. c) Informar de inmediato a su superior jerárquico directo, y a los trabajadores designados para realizar las actualizaciones que consideren oportunas en el equipo de protección individual.

16. d) En las empresas de treinta y un trabajadores el Delegado de Prevención será el Delegado de Personal.

17. a) La evaluación de riesgos y la planificación de la actividad preventiva.

18. a) Deberá realizarse en caso de imposibilidad de adaptación del propio puesto.

19. b) El plan de prevención.

20. c) Se planificará por el empresario a partir de una evaluación inicial de riesgos.

TEST N.º 8

Reglamentación técnico-sanitaria de los comedores colectivos.
Normas higiénicos-sanitarias de aplicación a la cocina hospitalaria.
Cocina Hospitalaria Centralizada. Condiciones básicas y físico ambientales de las cocinas. Zonas de sucio y de limpio. La cadena alimentaria.
Principio de marcha adelante y circuitos de trabajo

1. ¿Qué requisitos exige el Reglamento 852/2004 del Parlamento Europeo, para los locales destinados a los productos alimenticios?

a) Habrá ventilación artificial para evitar tener que hacer control de temperatura.
b) Se evitarán las corrientes de aire desde zonas contaminadas a zonas limpias.
c) Dispondrán siempre de buena iluminación natural.
d) Todas las respuestas son correctas.

2. Los contenedores utilizados para transporte de productos alimenticios, ¿podrán transportar algo que no sean productos alimenticios?

a) No, nunca.
b) Sí, siempre que exista una separación efectiva de los productos para evitar contaminación.
c) Sí, no tienen por qué ser exclusivos para productos alimenticios.
d) Cada producto debe ir obligatoriamente en un contenedor, aunque podrá ser transportado en el mismo vehículo.

3. El Reglamento 852/2004 establece las disposiciones aplicables a los productos alimenticios. Indique cuál de las siguientes es falsa:

a) Las materias primas e ingredientes se almacenarán en condiciones adecuadas, que permitan evitar su deterioro y protegerlos de la contaminación.
b) Las materias primas o productos no deberán conservarse a temperaturas que puedan dar lugar a riesgos para la salud.

c) Cuando un operador de empresa alimentaria prevea razonablemente que una materia prima pueda estar contaminada, la someterá a cocción prolongada para eliminar los microorganismos.

d) La descongelación se hará de modo que se reduzca al mínimo el riesgo de multiplicación de microorganismos patógenos o la formación de toxinas.

4. Según el Reglamento (CE) 852/2004 del Parlamento Europeo y del Consejo, de 29 de abril, los operadores de empresa alimentaria deberán garantizar:

a) La supervisión, instrucción y formación de los manipuladores de alimentos en cuestiones de higiene alimentaria.

b) La vigencia de la normativa en materia de higiene alimentaria.

c) La formación de los inspectores de la autoridad competente en materia de higiene alimentaria.

d) Todas las respuestas son falsas.

5. ¿Qué obligación tiene la empresa alimentaria con la autoridad competente?

a) Deberá cooperar y notificar todos los establecimientos que estén bajo su control con el fin de proceder a su registro.

b) Enviará informe diario pormenorizado sobre la actividad de la empresa.

c) Registrará la contabilidad mensual.

d) La normativa vigente no establece obligaciones con la autoridad competente.

6. ¿Qué requisitos se establecen respecto a la temperatura de los locales donde se manipulan alimentos?

a) La manipulación y almacenamiento se harán a temperatura adecuada, que se podrá comprobar y registrar.

b) La temperatura se mantendrá constante durante todo el proceso de manipulación.

c) Será siempre de 20 ºC, para comodidad del trabajador.

d) La normativa no hace referencia a la temperatura salvo para productos conservados por frío.

7. Respecto a la disposición, diseño, construcción, emplazamiento y tamaño, de los locales donde se manipulen alimentos, ¿qué establece la normativa?

a) Permitirá su limpieza y desinfección, y evitará la acumulación de suciedad.

b) Dispondrá de espacio suficiente para trabajar de forma higiénica.

c) Reducirá la contaminación por aire.

d) Todas las respuestas son correctas.

8. ¿Qué características tendrán los fregaderos?

a) Tendrán suministro de agua potable.

b) Serán fáciles de limpiar y desinfectar.

c) Estarán hechos de material liso y resistente a la corrosión.

d) Todas las respuestas son correctas.

9. ¿Establece la normativa vigente algún requisito higiénico para los equipos de cocina?

a) No, no hay requisitos específicos sobre higiene.

b) Obliga a que lleven dispositivos de control en todo caso.

c) Cuando estén en contacto con los alimentos deberán limpiarse y desinfectarse con frecuencia.

d) Diariamente deberán desmontarse para su limpieza.

10. ¿Qué dice el Reglamento 852/2004 sobre los contenedores de desperdicios de productos alimenticios?

a) Estarán provistos de cierre y se mantendrán limpios.

b) Tendrán una capacidad de 10 metros cúbicos.

c) Serán de color negro.

d) Todas las respuestas son correctas.

11. Según el Codex Alimentarius, se define "trazabilidad" como:

a) La capacidad para seguir el movimiento de un alimento a través de etapas específicas de la producción y transformación.

b) La capacidad para seguir el movimiento de un alimento a través de etapas específicas de la producción y distribución.

c) La capacidad para seguir el movimiento de un alimento a través de etapas específicas de la producción, transformación y distribución.

d) Ninguna es correcta.

12. ¿Cuál será la intensidad lumínica mínima en las zonas de preparación y envasado de alimentos?

a) 100 lux.

b) 350 lux.

c) 200 lux.

d) 160 lux.

13. ¿Cuál de las siguientes zonas de una cocina se considera zona sucia?

a) Zonas de lavado.

b) Zona de emplatado.

c) Zona de distribución.

d) Todas son zonas sucias.

14. Cuando el avance es siempre en el mismo sentido, de forma tal que la entrada de la materia prima y la salida de los alimentos elaborados están dispuestas en lugares opuestos, se dice que la distribución de la cocina centralizada es:

a) Cíclica.
b) Lineal.
c) En L.
d) En U.

15. ¿Cuál no es una zona de trabajo en la cocina?

a) Zona de recepción de materia prima.
b) Zona de preparación.
c) Zona de supervisión.
d) Zona de residuos.

16. A menos que los operadores de empresa alimentaria puedan convencer a la autoridad competente de la idoneidad de otros materiales utilizados, las superficies de los suelos en una cocina hospitalaria, requerirá el uso de materiales:

a) Permeables, absorbentes, lavables y no tóxicos.
b) Permeables, no absorbentes, lavables y no tóxicos.
c) Impermeables, absorbentes, lavables y no tóxicos.
d) Impermeables, no absorbentes, lavables y no tóxicos.

17. ¿En qué distribución de cocina el avance en la marcha hace un giro de 180°?

a) Distribución en L.
b) Distribución en U.
c) Distribución lineal.
d) Distribución en A.

18. En las cámaras de frío, los alimentos se colocarán en tarimas de material higiénico y resistente, guardando una distancia mínima:

a) De 0,30 m. respecto del suelo.
b) De 0,40 m. respecto del suelo.
c) De 0,20 m. respecto de las paredes y el techo.
d) De 0,1 m. respecto de las paredes y el techo.

19. La limpieza de los suelos de una cocina se realizará:

a) Siempre con barrido húmedo no pudiendo realizarse mientras estamos dando el servicio de comidas.
b) Siempre con barrido húmedo indistintamente del momento en el que se realice.

c) Primero barrer en seco y seguidamente se fregara el suelo.
d) Para la limpieza del suelo de las cocinas hay que recurrir al uso de mangueras.

20. ¿Qué significa el concepto de marcha adelante?

a) Que no se deben cruzar las vías "sucias" y "limpias".
b) Que los alimentos no deben volver atrás en el proceso.
c) Que la distribución de la cocina debe estar determinada por el proceso.
d) Todas las respuestas son correctas.

En MADTEST tienes **más preguntas de este tema**, y todos tus avances quedan registrados y se reflejan en el ranking.

¡Supera tus límites con MADTEST!

Solución al test n.º 8

1. b) Se evitarán las corrientes de aire desde zonas contaminadas a zonas limpias.

2. b) Sí, siempre que exista una separación efectiva de los productos para evitar contaminación.

3. c) Cuando un operador de empresa alimentaria prevea razonablemente que una materia prima pueda estar contaminada, la someterá a cocción prolongada para eliminar los microorganismos.

4. a) La supervisión, instrucción y formación de los manipuladores de alimentos en cuestiones de higiene alimentaria.

5. a) Deberá cooperar y notificar todos los establecimientos que estén bajo su control con el fin de proceder a su registro.

6. a) La manipulación y almacenamiento se harán a temperatura adecuada, que se podrá comprobar y registrar.

7. d) Todas las respuestas son correctas.

8. d) Todas las respuestas son correctas.

9. c) Cuando estén en contacto con los alimentos deberán limpiarse y desinfectarse con frecuencia.

10. a) Estarán provistos de cierre y se mantendrán limpios.

11. c) La capacidad para seguir el movimiento de un alimento a través de etapas específicas de la producción, transformación y distribución.

12. b) 350 lux.

13. a) Zonas de lavado.

14. b) Lineal.

15. c) Zona de supervisión.

16. d) Impermeables, no absorbentes, lavables y no tóxicos.

17. b) Distribución en U.

18. d) De 0,1 m. respecto de las paredes y el techo.

19. a) Siempre con barrido húmedo no pudiendo realizarse mientras estamos dando el servicio de comidas.

20. d) Todas las respuestas son correctas.

TEST N.º 9

Distribución del trabajo en la cocina hospitalaria. Categorías profesionales dentro de la cocina. Obligaciones y atribuciones de cada distribución del trabajo en la cocina

1. ¿Qué afirmación es incorrecta sobre el proceso de producción en cocina?

a) Se exige la separación de zonas de trabajo y el establecimiento de circuitos.
b) El flujo del proceso debe asegurar la calidad higiénica y alimentaria de los menús.
c) Debe tener un flujo discontinuo, para cada comida que se da en un día.
d) Debe de seguir el principio de marcha adelante, y evitar las contaminaciones cruzadas.

2. ¿En qué tipo de elementos se divide la Cocina Hospitalaria?

a) Viandas.
b) Partidas.
c) Circuitos.
d) Categorías.

3. ¿Qué profesionales pueden faltar en una partida en la Cocina Hospitalaria?

a) Jefe de partida y el/los pinche/es (sólo con cocineros/os).
b) Jefe de partida.
c) El/los pinche/es.
d) Nadie, deben estar el Jefe de partida, cocinero/os, y pinche/es.

4. ¿Cuántas partidas suelen existir básicamente en la Cocina Hospitalaria?

a) 3.
b) 4.
c) 5.
d) 6.

5. ¿En qué partida generalmente se elaboran los segundos platos y los platos "fuertes"?

a) Salsero.
b) Entremetier.
c) Despensero.
d) Pastelero.

6. ¿Qué partida prepara primeros platos calientes, guarniciones, y algunos fondos; así como elabora segundos platos a base de hortalizas?

a) Salsero.
b) Entremetier.
c) Despensero.
d) Pastelero.

7. ¿Qué otro nombre recibe la "partida de cuarto frío"?

a) Salsero.
b) Entremetier.
c) Despensero.
d) Pastelero.

8. ¿Qué función de estas realiza la partida de despensero?

a) Elaboración de salsas calientes y algunos fondos.
b) Confección de productos de repostería, bollería y panadería.
c) Elaboración de platos de carnes y aves, así como de los asados.
d) Despiece, limpieza y fileteado de carnes.

9. ¿Qué área funcional en Cocina Hospitalaria es segunda?

a) Cocina y economato.
b) Recepción-conserjería, relaciones públicas, administración y gestión.
c) Mantenimiento y servicios auxiliares. Área funcional sexta. Servicios complementarios.
d) Restaurante, sala, bar y similares; colectividades y pista para catering.

10. ¿En qué área funcional de la Cocina Hospitalaria está encuadrada la categoría profesional de ayudante de cocina?

a) Primera.
b) Segunda.
c) Tercera.
d) Cuarta.

11. ¿Qué funciones de estas posee el área funcional segunda de la Cocina Hospitalaria?

a) Adquisición, almacenamiento, conservación-administración de víveres y mercancías.
b) Servicios de preparación y elaboración de alimentos para consumo.
c) Limpieza y conservación de útiles, maquinarias y zonas de trabajo.
d) Son todas las anteriores.

12. ¿Qué categoría en el área funcional segunda de la Cocina Hospitalaria (cocina y economato) pertenece al grupo profesional segundo?

a) Jefe/a de partida.
b) Jefe/a catering.
c) Jefe/a cocina.
d) 2.º jefe/a cocina.

13. El auxiliar de cocina/economato del área funcional segunda de la Cocina Hospitalaria pertenece al grupo profesional:

a) Primero.
b) Segundo.
c) Tercero.
d) Cuarto.

14. ¿En qué turno intervendrán los pinches encargados de planchas?

a) Mañanas.
b) Tardes.
c) Noches.
d) Mañanas y tardes.

15. ¿Qué pinches con una determinada función no estará en el turno de tarde en cocina?

a) Los turmix.
b) Loncheado-estocaje.
c) Corrientes.
d) Estarán todos los anteriores.

16. ¿Qué personal de la cocina hospitalaria es el responsable del emplatado en la cinta de desayunos? Personal del grupo...

a) De cocina, en turno de la mañana.
b) De cocina, en turno de la tarde.
c) De planta, en turno de la mañana.
d) De planta, en turno de la mañana, con refuerzo del personal disponible.

17. ¿Quién será el responsable de designar el orden en el reparto de carros?

a) Auxiliar de Enfermería responsable.
b) Diplomado de Enfermería responsable.
c) Gobernanta.
d) Jefe de cocina en plantas.

18. ¿Cuál será de las funciones que se enumeran como la última en el orden de reparto de carros que tendrán los pinches de turno de tarde en planta?

a) Limpieza del túnel y recogida de local.
b) Preparación de cubos de la basura y repasar el menaje.
c) Controlar el ascensor.
d) Recoger restos de las bandejas de comidas.

19. Según la Resolución de 20 de enero de 2023, de la Dirección General de Trabajo, por la que se registra y publica el VI Acuerdo Laboral para el sector de la Hostelería–ALEH V, ¿qué grupo profesional en hostelería se encarga de la planificación, organización y supervisión de actividades dentro del establecimiento?

a) Grupo profesional tercero: Asistentes.
b) Grupo profesional segundo: Técnicos y especialistas.
c) Grupo profesional primero: Mandos.
d) Ninguna de las anteriores.

20. Según el VI Acuerdo Laboral para el sector de la Hostelería, ¿en qué área funcional se incluyen las actividades de recepción, conserjería y administración en hostelería?

a) Área funcional primera.
b) Área funcional segunda.
c) Área funcional tercera.
d) Área funcional cuarta.

En MADTEST tienes **más preguntas de este tema**, y todos tus avances quedan registrados y se reflejan en el ranking.

¡Supera tus límites con MADTEST!

Solución al test n.º 9

1. c) Debe tener un flujo discontinuo, para cada comida que se da en un día.

2. b) Partidas.

3. d) Nadie, deben estar el Jefe de partida, cocinero/os, y pinche/es.

4. b) 4.

5. a) Salsero.

6. b) Entremetier.

7. c) Despensero.

8. d) Despiece, limpieza y fileteado de carnes.

9. a) Cocina y economato.

10. b) Segunda.

11. d) Son todas las anteriores.

12. a) Jefe/a de partida.

13. c) Tercero.

14. b) Tardes.

15. d) Estarán todos los anteriores.

16. d) De planta, en turno de la mañana, con refuerzo del personal disponible.

17. c) Gobernanta.

18. a) Limpieza del túnel y recogida de local.

19. c) Grupo profesional primero: Mandos.

20. a) Área funcional primera.

TEST N.º 10

Los alimentos. Clasificación y características de los diferentes tipos de alimentos. Preparación, conservación. El emplatado: tipos y dotación para su realización. Normas higiénicas. Transporte y distribución en planta. La dieta hospitalaria: conceptos básicos. Dieta basal y terapéutica. Gestión de alérgenos. Otras técnicas de elaboración: cocina al vacío, línea fría y alimentos de 3ª, 4ª y 5ª gama

1. De los siguientes productos, ¿cuáles no son derivados de la leche?

a) Nata y mantequilla.
b) Queso y requesón.
c) Sueros lácteos.
d) Cafeína.

2. Señala cuál de las siguientes afirmaciones es correcta:

a) La canal incluye la carne y todas las vísceras del animal.
b) Los derivados cárnicos son productos alimenticios preparados total o parcialmente con carnes o despojos sometidos a operaciones específicas.
c) Los productos tales como solomillo, entrecot, bistec, chuletas, etc., se consideran derivados cárnicos.
d) Todas las respuestas anteriores son correctas.

3. El Código Alimentario Español, dentro del grupo de "pescados", incluye los siguientes:

a) Aquellos animales que viven en el agua y son comestibles.
b) Exclusivamente a los vertebrados marinos.
c) Exclusivamente a los vertebrados de agua dulce.
d) Todos excepto las ballenas, por ser mamíferos.

4. ¿Cuál de las siguientes afirmaciones es falsa?

a) El pescado tiene menos grasas saturadas y menos colesterol que algunas carnes.
b) El pescado azul tiene mayor valor calórico que el blanco.

c) El pescado fresco tiene mayor valor nutritivo que el congelado.
d) Todas son falsas.

5. ¿Cuándo se considera que un huevo es fresco?

a) Cuando se mantiene en cámaras a temperatura no superior a 4 ºC durante un tiempo inferior a 30 días.
b) Cuando está conservado por encima de 0 ºC durante una semana como máximo.
c) Sólo se considera fresco el huevo recién puesto.
d) Cuando no ha sido refrigerado ni conservado por ningún método.

6. ¿Qué peso tienen los huevos de tamaño L?

a) 43-53 g.
b) 53-63 g.
c) 63-73 g.
d) 73-83 g.

7. ¿Cuál de los siguientes alimentos es un embutido de carne?

a) Chorizo.
b) Salchicha.
c) Salchichón.
d) Todas son correctas.

8. ¿Cuál de los siguientes pertenece a la espacie de Bóvido?

a) Novillo.
b) Buey.
c) Ternera.
d) Todos los anteriores.

9. ¿Cuál es la temperatura máxima de conservación de un alimento congelado?

a) –18 ºC.
b) +18 ºC.
c) 0 ºC.
d) 5 ºC.

10. ¿Qué es el encurtido?

a) Un tipo de pepinillo.
b) Un método de conservación que utiliza la temperatura.
c) Un método de conservación que utiliza vinagre.
d) Una forma de preparar pescado.

11. ¿Dónde se montan las bandejas para su servicio?

a) En la zona de preparación.
b) En la zona de recepción.
c) En la cinta de emplatado.
d) En la mesa caliente.

12. ¿Qué característica tiene la cinta de emplatado?

a) Es móvil y de velocidad fija o regulable.
b) Tiene entre 10 y 15 metros de ancho.
c) Sirve para la distribución de las bandejas una vez montadas.
d) Las respuestas a) y c) son correctas.

13. Indica la característica correcta de las bandejas isotérmicas:

a) No lleva tapa.
b) Ayuda a calentar el alimento.
c) Mantienen la temperatura de los alimentos.
d) Todas las respuestas son correctas.

14. El traslado del carro con los restos de comida forma parte de las operaciones:

a) Del circuito sucio.
b) Del circuito limpio.
c) De desinfección.
d) De higienización.

15. ¿En qué consiste el desbarase o desbarasado de bandejas?

a) En la retirada de todos los elementos utilizados y la eliminación de los restos de comida.
b) En la desinfección de estas.
c) En la colocación adecuada de la comida y elementos utilizados.
d) Es el proceso mediante el cual se limpian y pulen las bandejas para su reciclaje.

16. Pertenece al grupo de los alimentos energéticos:

a) Carne.
b) Yogur.
c) Verduras.
d) Ninguno de los anteriores.

17. Está en el grupo de los alimentos plásticos:

a) La leche y sus derivados.
b) Huevos.

c) Carne y pescado.
d) Todos.

18. ¿Qué es la riboflavina?

a) Una proteína.
b) Vitamina B2.
c) Vitamina E.
d) Una parte de las grasas.

19. ¿Qué propiedades tiene la vitamina E?

a) Antioxidante.
b) Antirraquítica.
c) Coagulante.
d) Todas son correctas.

20. ¿En qué se basa la cocina 45?

a) Uso de materias primas frescas.
b) Uso de productos de 4.ª y 5.ª gama.
c) Uso de productos de 3.ª gama.
d) Uso de cadena fría congelada.

En MADTEST tienes **más preguntas de este tema,** y todos tus avances quedan registrados y se reflejan en el ranking.

¡Supera tus límites con MADTEST!

Solución al test n.º 10

1. d) Cafeína.

2. b) Los derivados cárnicos son productos alimenticios preparados total o parcialmente con carnes o despojos sometidos a operaciones específicas.

3. a) Aquellos animales que viven en el agua y son comestibles.

4. c) El pescado fresco tiene mayor valor nutritivo que el congelado.

5. d) Cuando no ha sido refrigerado ni conservado por ningún método.

6. c) 63-73 g.

7. d) Todas son correctas.

8. d) Todos los anteriores.

9. a) –18 ºC.

10. c) Un método de conservación que utiliza vinagre.

11. c) En la cinta de emplatado.

12. a) Es móvil y de velocidad fija o regulable.

13. c) Mantienen la temperatura de los alimentos.

14. a) Del circuito sucio.

15. a) En la retirada de todos los elementos utilizados y la eliminación de los restos de comida.

16. d) Ninguno de los anteriores.

17. d) Todos.

18. b) Vitamina B2.

19. a) Antioxidante.

20. b) Uso de productos de 4.ª y 5.ª gama.

TEST N.º 11

Sistema de autocontrol en seguridad alimentaria basado en los principios del APPCC (Análisis de Peligros y Puntos de Control Críticos) en la restauración hospitalaria: conceptos básicos. Sistemas de gestión de la calidad en alimentación hospitalaria (ISO 22000, ISO 9001, EFQM): nociones básicas

1. ¿Qué es el sistema APPCC?

a) Un instrumento para ayudar a logra niveles elevados de seguridad alimentaria.
b) Un sistema de control de personal.
c) Un método para definir los procesos de producción.
d) Una guía de buenas prácticas.

2. ¿En qué principios se basa el sistema de Análisis de Peligros y Puntos de Control Crítico (APPCC)?

a) Análisis y localización de los riesgos.
b) Determinación de los puntos críticos.
c) Definición, aplicación y verificación de procedimientos eficaces de control y seguimiento.
d) Todas las opciones son correctas.

3. El sistema de APPCC tiene como objetivo:

a) Establecer un plan de emergencia para el caso de incendio.
b) Identificar, valorar y controlar los peligros sanitarios e higiénicos asociados al conjunto y a cada una de las fases de la cadena alimentaria.
c) Analizar las pautas de comportamiento de los trabajadores.
d) Ninguna de las anteriores respuestas es la correcta.

4. El sistema de APPCC está basado en:

a) Dos principios.
b) Tres principios.

c) Seis principios.

d) Siete principios.

5. La verificación del sistema de APPCC debe realizarse:

a) Periódicamente, con el fin de asegurar que los puntos de control crítico están bajo control.

b) Cuando existan dudas de la seguridad del producto.

c) Cuando se hagan modificaciones en el Plan APPCC.

d) Todas las respuestas son correctas.

6. Es, entre otras, función del coordinador del equipo de implantación del sistema de APPCC:

a) La organización de las reuniones.

b) La elaboración de menús.

c) El registro de las decisiones del equipo.

d) Las opciones a) y c) son correctas.

7. El establecimiento de un sistema de registro o documentación de los planes relativos a los sistemas de APPCC, permite:

a) Mostrar las incidencias ocurridas, la toma de decisiones y comprobar si el sistema está funcionado con eficacia.

b) Comprobar la salubridad de los alimentos.

c) Determinar quién realiza la vigilancia del sistema.

d) No es uno de los principios en los que se basa el sistema de APPCC.

8. ¿Cómo se hará la descripción del producto en el sistema APPCC?

a) A través de diagramas de flujo.

b) Con fichas normalizadas que contengan todos los datos e información requerida.

c) Mediante tablas de datos.

d) No es necesaria la descripción del producto.

9. ¿Qué datos se incluirán en el análisis de peligros?

a) La probabilidad de que surjan peligros y la gravedad de sus efectos perjudiciales para la salud.

b) La evaluación cualitativa y/o cuantitativa de la presencia de peligros.

c) La supervivencia o proliferación de los microorganismos involucrados.

d) Todos los anteriores.

10. ¿Cuándo se establecen medidas correctoras en el sistema APPCC?

a) Cuando los resultados obtenidos del sistema de vigilancia pueda establecer puntos de control crítico.

b) Cuando en los resultados obtenidos del sistema de vigilancia se detecten desviaciones.

c) Siempre después del proceso de verificación.

d) Al seleccionar los proveedores.

11. ¿Qué criterios de calidad aplicará el Pinche de cocina en el trabajo de manipulación de alimentos?

a) Máximo aprovechamiento de los géneros.
b) Aplicación de técnicas adecuadas de cocción de los alimentos.
c) Maximización del uso de los equipos y medios energéticos.
d) Todas las respuestas son correctas.

12. Para definir un plan de calidad, ¿qué criterios se utilizarán?

a) Criterios subjetivos.
b) Criterios objetivos.
c) Criterios generales.
d) La calidad es siempre subjetiva, por lo que no se deben establecer criterios.

13. ¿Qué finalidad tienen las medidas preventivas?

a) Detectar los riesgos y puntos críticos y buscar la manera de evitar fallos o desviaciones sobre lo planificado.
b) Solucionar los problemas una vez que se han producido y detectado.
c) Comprobar que se cumplen los criterios de calidad en todos y cada uno de los puntos del proceso, y que las medidas correctoras son eficaces y resuelven los problemas.
d) Todas las respuestas son correctas.

14. ¿Cuál de los siguientes es un objetivo de un plan de calidad?

a) El producto o servicio resultarán satisfactorios para el cliente, respondiendo a sus expectativas.
b) El proceso para su obtención será tecnológicamente posible.
c) El servicio se realizará en condiciones adecuadas, tanto higiénicas como tecnológicas.
d) Todas las respuestas son correctas.

15. ¿Cuál sería la primera fase en un proceso de control de calidad?

a) Detección de problemas en cualquier fase.
b) Determinar las causas.
c) Proponer medidas correctoras, e implantarlas.
d) Verificar que se ha resuelto el problema.

16. ¿Cuál de las siguientes no es una característica del plan de calidad?

a) Flexibilidad.
b) Rigidez.
c) Revisión permanente.
d) Dirigido a la mejora continua.

17. ¿Cuál de los siguientes es un sistema de calidad específico para las empresas turísticas españolas?

a) Sistema ISO.
b) Modelo EFQM.
c) Sistema de Calidad Turístico Español.
d) Todas las respuestas son correctas.

18. ¿Qué es la marca Q?

a) Marca de calidad turística.
b) Empresa con algún sistema de calidad implantado.
c) Garantía de turismo ecológico.
d) No existe la marca Q.

19. ¿Cuáles son las fases que conforman un proceso de mejora continua?

a) Planificación, acción, verificación y corrección.
b) Diseño e implantación.
c) Autocontrol y valoración.
d) Planificación e implantación.

20. ¿Qué son los indicadores de calidad?

a) Son un instrumento para la recogida de datos.
b) Son los criterios mínimos que se deben debe cumplir a lo largo del proceso y en el producto final.
c) Es un tipo de encuesta.
d) Son correctas las respuestas a) y c).

En MADTEST tienes **más preguntas de este tema**, y todos tus avances quedan registrados y se reflejan en el ranking.

¡Supera tus límites con MADTEST!

Solución al test n.º 11

1. a) Un instrumento para ayudar a logra niveles elevados de seguridad alimentaria.

2. d) Todas las opciones son correctas.

3. b) Identificar, valorar y controlar los peligros sanitarios e higiénicos asociados al conjunto y a cada una de las fases de la cadena alimentaria.

4. d) Siete principios.

5. d) Todas las respuestas son correctas.

6. d) Las opciones a) y c) son correctas.

7. a) Mostrar las incidencias ocurridas, la toma de decisiones y comprobar si el sistema está funcionado con eficacia.

8. b) Con fichas normalizadas que contengan todos los datos e información requerida.

9. d) Todos los anteriores.

10. b) Cuando en los resultados obtenidos del sistema de vigilancia se detecten desviaciones.

11. a) Máximo aprovechamiento de los géneros.

12. b) Criterios objetivos.

13. a) Detectar los riesgos y puntos críticos y buscar la manera de evitar fallos o desviaciones sobre lo planificado.

14. d) Todas las respuestas son correctas.

15. a) Detección de problemas en cualquier fase.

16. b) Rigidez.

17. c) Sistema de Calidad Turístico Español.

18. a) Marca de calidad turística.

19. a) Planificación, acción, verificación y corrección.

20. b) Son los criterios mínimos que se deben debe cumplir a lo largo del proceso y en el producto final.

TEST N.º 12

Manipulación de alimentos. Requisitos de los manipuladores de alimentos. Formación Continuada de los manipuladores. Riesgos derivados de la manipulación: alteraciones de los alimentos y contaminación. Enfermedades originadas por alimentos contaminados. Técnicas de manipulación y conservación. Plato testigo

1. Todo manipulador de alimentos debe respetar las siguientes normas de higiene:

a) Lavado de manos con agua caliente y jabón.
b) Fumar, toser o estornudar sobre el alimento.
c) Usar mascarilla exclusivamente para la manipulación de productos que se consumirán en crudo.
d) Todas son correctas.

2. ¿Quién impartirá la formación a los manipuladores de alimentos?

a) La propia empresa o una entidad autorizada por la autoridad sanitaria competente.
b) La propia empresa siempre.
c) La autoridad competente.
d) Una empresa auditora.

3. ¿Cuál es la definición correcta de "Higiene Alimentaria", según la Organización Mundial de la Salud?

a) El conjunto de medidas necesarias para asegurar la salubridad de un producto.
b) El conjunto de medidas necesarias para asegurar la inocuidad de un producto.
c) El conjunto de medidas necesarias para asegurar el buen estado de los productos.
d) El conjunto de medidas necesarias para asegurar la salubridad, inocuidad y buen estado de los productos destinados a la alimentación, en todas las etapas de su preparación.

4. ¿Qué requisitos exige el Reglamento 852/2004 del Parlamento Europeo, para los locales destinados a los productos alimenticios?

a) Habrá ventilación artificial para evitar tener que hacer control de temperatura.
b) Se evitarán las corrientes de aire desde zonas contaminadas a zonas limpias.

c) Dispondrán siempre de buena iluminación natural.

d) Todas las respuestas son correctas.

5. El Reglamento 852/2004 establece las disposiciones aplicables a los productos alimenticios, ¿cuál de las siguientes es falsa?

a) Las materias primas e ingredientes se almacenarán en condiciones adecuadas, que permitan evitar su deterioro y protegerlos de la contaminación.

b) Las materias primas o productos no deberán conservarse a temperaturas que puedan dar lugar a riesgos para la salud.

c) Cuando un operador de empresa alimentaria prevea razonablemente que una materia prima pueda estar contaminada, la someterá a cocción prolongada para eliminar los microorganismos.

d) La descongelación se hará de modo que se reduzca al mínimo el riesgo de multiplicación de microorganismos patógenos o la formación de toxinas.

6. ¿Qué norma establece las infracciones en materia de seguridad alimentaria y las sanciones correspondientes?

a) El Reglamento 852/2004 del Parlamento Europeo y del Consejo, de 29 de abril, relativo a la higiene de los productos alimenticios.

b) La Ley 17/2009, de 23 de noviembre.

c) El Real Decreto 202/2000, de 11 de febrero, por el que se establecen las normas relativas a los manipuladores de alimentos.

d) La Ley 17/2011, de 5 de julio, de seguridad alimentaria y nutrición.

7. ¿Qué es un portador sano?

a) Persona que sin presentar síntomas de enfermedad, puede transmitir gérmenes a los alimentos y causar daños en otras personas.

b) Persona con alguna patología que trabaja de pinche de cocina.

c) Persona que presenta síntomas de enfermedad, puede transmitir gérmenes a los alimentos y causar daños en otras personas.

d) Persona ajena a la cocina que es portadora de bacterias.

8. En las instalaciones donde se manipulan alimentos, está...

a) Prohibido fumar, comer, mascar chicle, escupir o cualquier cosa no higiénica que pueda contaminar los alimentos.

b) Prohibido fumar, pero sí se puede comer.

c) No se puede mascar chicles, pero se puede comer.

d) Está prohibido mascar chicle, pero se puede fumar.

9. ¿Cuál es la normativa vigente en materia de formación de manipuladores de alimentos?

a) Real Decreto 202/2000, de 11 de febrero.

b) Reglamento (CE) n. º 852/2004 del Parlamento Europeo y del Consejo, de 29 de abril.

c) Real Decreto 109/2010, de 5 de febrero.

d) Ley 17/2009, de 23 de noviembre.

10. ¿Establece la normativa vigente algún requisito higiénico para los equipos de cocina?

a) No, no hay requisitos específicos sobre higiene.

b) Obliga a que lleven dispositivos de control en todo caso.

c) Cuando estén en contacto con los alimentos deberán limpiarse y desinfectarse con frecuencia.

d) Diariamente deberán desmontarse para su limpieza.

11. ¿Qué dice el Reglamento 852/2004 sobre los contenedores de desperdicios de productos alimenticios?

a) Estarán provistos de cierre y se mantendrán limpios.

b) Tendrán una capacidad de 10 metros cúbicos.

c) Serán de color negro.

d) Todas las respuestas son correctas.

12. ¿A qué temperatura mueren la mayoría de los microorganismos?

a) A -18 ºC.

b) A 50 ºC.

c) A 65 ºC.

d) A 100 ºC.

13. ¿Cuáles de los siguientes microorganismos son parásitos?

a) Salmonella, Clostridium y Vibrio.

b) Hepatitis, Norwalk y Virus de la encelopatía espongiforme bovina.

c) Triquina, Anisakis y protozoos.

d) Todas las respuestas son correctas.

14. ¿Cuál de las siguientes bacterias se puede encontrar en las ostras?

a) Yersinia.

b) *Campylobacter.*

c) *Bacillus.*

d) Estafilococo.

15. ¿Cuál de las siguientes bacterias se puede encontrar en la harina?

a) Yersinia.

b) *Campylobacter.*

c) *Bacillus*.
d) Estafilococo.

16. ¿Qué síntomas se producen en la brucelosis?

a) Fiebre, dolor de cabeza y pérdida de apetito.
b) Fiebre, dolor muscular y parálisis facial.
c) Diarreas hemorrágicas.
d) Ninguno de los anteriores.

17. ¿Qué alimento puede portar el parásito causante de la triquinosis?

a) Fruta.
b) Pescado.
c) Carne.
d) Verdura.

18. ¿Qué es el Anisakis?

a) Un virus.
b) Un parásito.
c) Una bacteria.
d) Un hongo.

19. ¿Qué cantidad mínima se ha de recoger en la muestra de las comidas testigo?

a) Una ración individual de como mínimo de 100 g.
b) Dos raciones de 50 g cada una.
c) Una ración individual de como mínimo de 250 g.
d) Todas son correctas.

20. ¿Cuánto tiempo se conservarán los platos testigos según el Real Decreto 1086/2020, de 9 de diciembre?

a) 7 días mínimos.
b) 48 horas máximo.
c) Un día.
d) Se consumirán de manera inmediata.

En MADTEST tienes **más preguntas de este tema**, y todos tus avances quedan registrados y se reflejan en el ranking.

¡Supera tus límites con MADTEST!

Solución al test n.º 12

1. a) Lavado de manos con agua caliente y jabón.

2. a) La propia empresa o una entidad autorizada por la autoridad sanitaria competente.

3. d) El conjunto de medidas necesarias para asegurar la salubridad, inocuidad y buen estado de los productos destinados a la alimentación, en todas las etapas de su preparación.

4. b) Se evitarán las corrientes de aire desde zonas contaminadas a zonas limpias.

5. c) Cuando un operador de empresa alimentaria prevea razonablemente que una materia prima pueda estar contaminada, la someterá a cocción prolongada para eliminar los microorganismos.

6. d) La Ley 17/2011, de 5 de julio, de seguridad alimentaria y nutrición.

7. a) Persona que sin presentar síntomas de enfermedad, puede transmitir gérmenes a los alimentos y causar daños en otras personas.

8. a) Prohibido fumar, comer, mascar chicle, escupir o cualquier cosa no higiénica que pueda contaminar los alimentos.

9. b) Reglamento (CE) n.º 852/2004 del Parlamento Europeo y del Consejo, de 29 de abril.

10. c) Cuando estén en contacto con los alimentos deberán limpiarse y desinfectarse con frecuencia.

11. a) Estarán provistos de cierre y se mantendrán limpios.

12. d) A 100 ºC.

13. c) Triquina, Anisakis y protozoo.

14. a) Yersinia.

15. c) Bacillus.

16. a) Fiebre, dolor de cabeza y pérdida de apetito.

17. c) Carne.

18. b) Un parásito.

19. a) Una ración individual de como mínimo de 100 g.

20. a) 7 días mínimos.

**Control de materias primas y productos preparados. El almacena-
miento: almacenamiento de productos perecederos y no perecederos. Almacenamiento de productos congelados. El acondiciona-
miento de las materias primas: carnes, pescados, hortalizas, frutas.
Limpieza, cortes y pre elaboración. La descongelación**

1. ¿Qué es el aprovisionamiento de mercancía?

a) Abastecimiento de lo necesario.
b) Acumulación de existencias.
c) Provisión de materiales sin criterio de necesidad.
d) Previsión de necesidades.

2. ¿Cuáles son los materiales inventariables?

a) Fungibles.
b) No fungibles.
c) Los que se agotan o consumen con el uso.
d) No almacenables.

3. ¿Qué utilidad tiene el albarán?

a) Comprobante de la mercancía entregada para el comprador.
b) Justificante de entrega para el vendedor.
c) Justificante de pago.
d) Son correctas las respuestas a) y b).

4. ¿Qué está prohibido en el almacenamiento de productos alimenticios?

a) Su almacenamiento junto a productos aptos para consumo.
b) Su almacenamiento junto a productos tóxicos.
c) Su correcto etiquetado.
d) Todas las respuestas son ciertas.

5. ¿Qué son alimentos no perecederos?

a) Los que no se estropean nunca.
b) Los que se almacenan en sacos.
c) Aquellos que con una manipulación correcta no van a sufrir alteraciones.
d) Los deshidratados.

6. ¿Qué tipo de producto es una lata de anchoas?

a) Semiconserva.
b) No perecedero.
c) Conserva.
d) Fresco.

7. ¿Por qué no se deben meter las cajas de los proveedores en el refrigerador?

a) Porque ocupan mucho espacio.
b) Porque se pueden contaminar.
c) Porque pueden contener microorganismos.
d) Por que habría que comprarlas.

8. ¿A qué temperatura se almacenan los productos cocinados congelados?

a) A 18 ºC.
b) A –18 ºC.
c) A 5 ºC.
d) A 0 ºC.

9. ¿Cómo será la humedad de los almacenes de alimentos?

a) Elevada para evitar la desecación.
b) Baja para evitar la proliferación de hongos.
c) Homogénea y constante en todos los almacenes.
d) Depende del tipo de alimento almacenado.

10. ¿En qué consiste el método LIFO?

a) Lo último en entrar es lo primero en salir.
b) Lo primero que sale será la mercancía que más tiempo lleva.
c) Lo primero que sale será lo caducado.
d) Todas son correctas.

11. Si al pelar una hortaliza se ennegrece, ¿qué debemos hacer?

a) Meterla en agua con unas gotas de limón.
b) Restregarla con sal.

c) Limpiarla con unas gotas de lejía.
d) Envolverla en papel de aluminio durante 10 minutos.

12. ¿Cuál de los siguientes sistemas es correcto para el pelado de verduras?

a) Con cuchillo o con máquina peladora.
b) Por escaldado.
c) Por asado.
d) Todas las respuestas son correctas.

13. ¿Cómo es el corte brunoise?

a) Dados pequeños.
b) Láminas.
c) Tiras finas.
d) A gajos.

14. En la preparación de aves, ¿a qué llamamos "albardado"?

a) A la eliminación de las plumas.
b) A sujetar las carnes crudas de ave para mejorar su estética ante el comensal.
c) A envolver el ave en tiras de tocino, para evitar que se reseque al cocinarlo.
d) A eliminar patas, cabeza y cuello.

15. ¿Cómo es el corte de la patata paja?

a) Dados pequeños.
b) Muy fina, se corta con mandolina.
c) Muy gruesa, se corta con cuchillo.
d) Rodajas onduladas.

16. ¿Cómo se cortan las patas de las aves?

a) A golpe de cuchillo.
b) Retorciendo manualmente.
c) Cortando alrededor de la rótula para luego tronchar.
d) Chamuscando.

17. ¿Qué es la aleta?

a) Carne que está sobre las costillas.
b) Parte inferior de la pierna.
c) Parte situada sobre el esternón y parte de las costillas.
d) El cuello del animal.

18. ¿Cuál es la carne con grasa de la parte ventral del cerdo?

a) Codillo.
b) Jamón.
c) Aguja.
d) Panceta.

19. ¿Cuál de los siguientes se denomina escalope?

a) Filete fino de tamaño pequeño, que se sirve salteado o breseado si se obtiene de piezas duras como redondo o contra.
b) Fracción de unos 125 gramos, que se puede obtener de distintas piezas.
c) Filete no muy grueso que se empana y fríe.
d) Porción gruesa que se obtiene del morcillo.

20. ¿En qué caso no se puede congelar un alimento?

a) Cuando se adquirió fresco.
b) Cuando ya fue descongelado previamente.
c) Cuando tras descongelarlo se sometió a cocción.
d) En ninguno de estos casos.

Solución al test n.º 13

1. a) Abastecimiento de lo necesario.

2. b) No fungibles.

3. d) Son correctas las respuestas a) y b).

4. b) Su almacenamiento junto a productos tóxicos.

5. c) Aquellos que con una manipulación correcta no van a sufrir alteraciones.

6. a) Semiconserva.

7. c) Porque pueden contener microorganismos.

8. b) A –18 ºC.

9. d) Depende del tipo de alimento almacenado.

10. a) Lo último en entrar es lo primero en salir.

11. a) Meterla en agua con unas gotas de limón.

12. d) Todas las respuestas son correctas.

13. a) Dados pequeños.

14. c) Envolver el ave en tiras de tocino, para evitar que se reseque al cocinarlo.

15. b) Muy fina, se corta con mandolina.

16. c) Cortando alrededor de la rótula para luego tronchar.

17. c) Parte situada sobre el esternón y parte de las costillas.

18. d) Panceta.

19. c) Filete no muy grueso que se empana y fríe.

20. b) Cuando ya fue descongelado previamente.

TEST N.º 14

Maquinaria. Herramientas de cocina: concepto, clases y utilidades. La limpieza y desinfección: bandejas, cubertería y vajilla, superficies de cocina, maquinaria y utillaje de cocina. Productos de limpieza utilizados. Prácticas correctas de higiene

1. ¿Qué ventajas tiene el acero inoxidable?

a) Gran resistencia.
b) Fácil limpieza.
c) Buen conductor del calor.
d) Las respuestas a) y b) son correctas.

2. La *sautese* es utilizada para:

a) Saltear, rehogar y estofar géneros.
b) Confeccionar salsas y cremas.
c) Asar grandes piezas de carne.
d) Presentar pescados.

3. ¿Para qué se utiliza el baño María?

a) Se usa para mantener calientes ciertas elaboraciones.
b) Para asar.
c) Para elaborar salsas, hervidos, purés, cremas.
d) Se utiliza para la cocción de pequeñas cantidades de producto.

4. ¿Qué función tiene la campana extractora en cocina?

a) Absorber los vapores y gases desprendidos en la cocción.
b) Reducir la temperatura desprendida durante la cocción.
c) Mover el aire interno de la cocina para evitar que se concentren vapores.
d) Emitir aire frío.

5. ¿Qué es una sartén abatible?

a) Un generador de calor.
b) Un generador de frío.
c) Un utensilio de cocina.
d) Ninguna respuesta es correcta.

6. ¿Cómo se denominan sustancias y preparados que en contacto con tejidos vivos pueden ejercer acción destructora de los mismos?

a) Irritantes.
b) Nocivos.
c) Corrosivos.
d) Inflamables.

7. ¿Qué son sustancias pirofóricas?

a) Sustancias o mezclas que, por medio de una acción química, pueden dañar gravemente, o incluso destruir, los metales.
b) Sustancias o mezclas sólidas o líquidas, que pueden calentarse espontáneamente en contacto con el aire sin aporte de energía.
c) Sustancias o mezclas sólidas o líquidas que, por interacción con el agua, tienden a volverse espontáneamente inflamables o a desprender gases inflamables en cantidades peligrosas.
d) Sustancias o mezclas líquidas o sólidas que, aun en pequeñas cantidades, pueden inflamarse al cabo de 5 minutos de entrar en contacto con el aire.

8. ¿Qué tipo de indicación es: H360F: Puede perjudicar a la fertilidad?

a) Consejo de prudencia.
b) Indicación de peligro.
c) Consejo de seguridad.
d) Indicación de protección.

9. En la limpieza y desinfección combinada se empleará:

a) Solo la acción detergente.
b) Solo la acción desinfectante.
c) Primero la acción detergente y posteriormente y aparte la acción desinfectante.
d) Se emplearán a la vez la acción detergente y la acción desinfectante.

10. ¿Qué pH tendrá un detergente ácido?

a) 10.
b) 8.
c) 7.
d) 4.

11. ¿Qué propiedad del detergente se da cuando se rompe la suciedad, dispersando las partículas finas que componían esa mancha?

a) Poder humectante.
b) Dispersión.
c) Emulsión.
d) Brillo.

12. En el caso de que un producto limpiador sea considerado como producto peligroso, actualmente el fabricante debe incluir en su etiquetado un pictograma de peligro que será:

a) Cuadrado y apoyado sobre un lado.
b) Cuadrado y apoyado sobre un vértice.
c) Redondo.
d) Rectangular apoyado sobre el lado mayor.

13. ¿Qué productos se emplean para eliminación de microorganismos patógenos?

a) Detergentes.
b) Limpiametales.
c) Desinfectantes.
d) Ambientadores.

14. El etiquetado de aquellos detergentes que resulten clasificados como productos peligrosos:

a) Deberá cumplir el Reglamento sobre clasificación, envasado y etiquetado de preparados peligrosos vigente.
b) Bastará con cumplir sólo el etiquetado de la Reglamentación técnico-sanitaria para la elaboración, circulación y comercio de detergentes y limpiadores.
c) No está sujeta a obligaciones de etiquetado.
d) La etiqueta deberá ser de color naranja.

15. ¿Qué procedimiento es aquel por el que se elimina el agua con los restos de detergente y la suciedad disuelta?

a) Prelavado.
b) Enjuague.
c) Lavado.
d) Enjuague final.

16. Un agente tensioactivo puede ser:

a) Iónico (aniónico o catiónico), no iónico o anfótero.
b) Primario, secundario o terciario.

c) Reforzante, aditivo o coadyudante.
d) De alta, media o baja potencia.

17. La lejía es un desinfectante que tiene como componente activo:

a) Alcohol etílico.
b) Agua.
c) Hipoclorito sódico.
d) Ácido peracético.

18. Para la limpieza de la zona de preparación, una de las pinches necesita un producto de limpieza, ¿a dónde se dirigirá para recogerlo?

a) Al almacén de productos perecederos.
b) Al almacén para productos de limpieza.
c) A la cámara frigorífica.
d) Indistintamente, porque los productos de limpieza se almacenan en cualquier zona de la cocina.

19. En el almacén de limpieza, el pinche se ha encontrado una botella transparente llena de lo que parece un desengrasante que no tiene ninguna etiqueta ni identificación, ¿qué debe hacer?

a) Utilizarla para limpiar y gastarla lo antes posible.
b) La olerá y le pondrá con rotulador el producto que cree que es.
c) Probará con poca cantidad para limpiar y ver si es el producto que necesita.
d) Lo comunicará al encargado de la cocina para su retirada.

20. ¿Cómo se denominan los procedimientos o actuaciones dirigidas a impedir la llegada de los microorganismos patógenos a un medio aséptico?

a) Antisepsia.
b) Asepsia.
c) Desinfección.
d) Esterilización.

En MADTEST tienes **más preguntas de este tema**, y todos tus avances quedan registrados y se reflejan en el ranking.

¡Supera tus límites con MADTEST!

Solución al test n.º 14

1. d) Las respuestas a) y b) son correctas.

2. a) Saltear, rehogar y estofar géneros.

3. a) Se usa para mantener calientes ciertas elaboraciones.

4. a) Absorber los vapores y gases desprendidos en la cocción.

5. a) Un generador de calor.

6. c) Corrosivos.

7. d) Sustancias o mezclas líquidas o sólidas que, aun en pequeñas cantidades, pueden inflamarse al cabo de 5 minutos de entrar en contacto con el aire.

8. b) Indicación de peligro.

9. d) Se emplearán a la vez la acción detergente y la acción desinfectante.

10. d) 4.

11. b) Dispersión.

12. b) Cuadrado y apoyado sobre un vértice.

13. c) Desinfectantes.

14. a) Deberá cumplir el Reglamento sobre clasificación, envasado y etiquetado de preparados peligrosos vigente.

15. b) Enjuague.

16. a) Iónico (aniónico o catiónico), no iónico o anfótero.

17. c) Hipoclorito sódico.

18. b) Al almacén para productos de limpieza.

19. d) Lo comunicará al encargado de la cocina para su retirada.

20. b) Asepsia.

TEST N.º 15

Protección medioambiental. Nociones básicas sobre contaminación ambiental. Principales riesgos medioambientales relacionados con las funciones de la categoría. Tratamiento de residuos hosteleros, normas sanitarias para su control y eliminación

1. ¿Cuáles de las siguientes finalidades engloba el concepto de desarrollo sostenible?

a) Desarrollo económico.
b) Sostenibilidad ambiental.
c) Equidad social.
d) Todas las respuestas son correctas.

2. ¿Qué plantea básicamente el Informe Brundtland en 1987?

a) Que la protección y conservación del medio ambiente debe basarse en el concepto de desarrollo sostenible.
b) Que se debe frenar el desarrollo económico e industrial, para proteger el medio ambiente.
c) Que el desarrollo económico y la sostenibilidad ambiental son conceptos incompatibles.
d) Todas las respuestas son correctas.

3. ¿Qué es la Agenda 21?

a) Un convenio sobre cambio climático.
b) Un programa de acción para alcanzar los objetivos del desarrollo sostenible en todos los países.
c) Una declaración sobre medio ambiente y desarrollo.
d) Un documento donde se programan todas las reuniones que tendrán lugar en el siglo 21.

4. ¿Qué efecto tienen los incendios sobre el medio ambiente?

a) Liberación de CO_2 a la atmósfera.
b) Liberación de CFCs a la atmósfera.

c) Deforestación.
d) Las opciones a) y c) son correctas.

5. ¿Qué contenido contaminante lleva el agua procedente del fregado de la vajilla?

a) Restos de suciedades orgánicas.
b) Resto de productos.
c) Ambas respuestas son correctas.
d) Ambas respuestas son falsas.

6. ¿Qué efectos tienen los fosfatos que componen los detergentes?

a) Eutrofización de las aguas.
b) Contaminación atmosférica.
c) Contaminación lumínica.
d) Cambios de pH.

7. ¿Qué es la biodegradabilidad?

a) La capacidad no contaminante.
b) La capacidad de ser degradado de forma natural.
c) Una propiedad de todos los detergentes.
d) La posibilidad de acumulación en los ríos.

8. ¿Cuál de las siguientes actividades contribuye a la contaminación atmosférica?

a) El consumo de combustible por los vehículos de distribución de alimentos elaborados.
b) Todos los procesos de conservación de los alimentos.
c) La emisión de CFC por el uso de maquinaria de cocina.
d) Todas las anteriores actividades emiten gases de efecto invernadero.

9. ¿Cuál de los siguientes componentes de los detergentes no es biodegradable?

a) Tensioactivos.
b) Citratos.
c) Fosfatos.
d) Ninguno de los anteriores es biodegradable.

10. ¿Por qué resulta contaminante el consumo energético en la cocina?

a) Por lo elevado que es.
b) Porque durante la generación de energía se producen contaminantes atmosféricos.
c) Por la contaminación lumínica.
d) Las opciones a) y b) son correctas.

11. ¿Qué son los lodos de depuración?

a) Restos de alimentos que se vierten en el agua.
b) Restos de contaminantes y bacterias muertas que se vierten con el agua.
c) Restos de contaminantes y bacterias muertas resultantes del proceso de depuración de agua.
d) Residuos reutilizables para depuración.

12. ¿Qué problemas origina la basura orgánica?

a) Son un medio ideal para la multiplicación de los microorganismos.
b) Atraen frecuentemente insectos, roedores y otros animales que ayudan a la propagación de algunas enfermedades.
c) Empiezan a descomponerse en poco tiempo y generan mal olor.
d) Todas las respuestas son correctas.

13. ¿En qué caso es de aplicación la Ley 7/2022, de 8 de abril, de residuos y suelos contaminados para una economía circular?

a) Suelos contaminados.
b) Residuos radiactivos.
c) Los explosivos desclasificados.
d) Todas las respuestas son correctas.

14. Según la Ley 7/2022, de 8 de abril, de residuos y suelos contaminados para una economía circular, un poseedor de residuos es:

a) Una instalación de almacenamiento en el ámbito de la recogida de una entidad local, donde se recogen de forma separada los residuos domésticos.
b) El productor de residuos u otra persona física o jurídica que esté en posesión de residuos.
c) Cualquier persona física o jurídica que desarrolle, fabrique, procese, trate, llene, venda o importe productos de forma profesional, con independencia de la técnica de venta utilizada en su introducción en el mercado nacional.
d) Persona encargada de desempeñar los cometidos previstos en la ley, que designen, en su ámbito respectivo de competencias.

15. ¿Con qué siglas se nombran a los residuos que, generalmente liberando oxígeno, pueden provocar o facilitar la combustión de otras sustancias?

a) HP 2.
b) HP 7.
c) HP 8.
d) HP 9.

16. ¿Qué ley deroga la Ley 7/2022, de 8 de abril, de residuos y suelos contaminados para una economía circular?

a) La Ley 37/2009, de 17 de enero, de residuos y suelos contaminados.
b) La Ley 33/2010, de 9 de abril, de residuos y suelos contaminados.
c) La Ley 5/2011, de 30 de septiembre, de residuos y suelos contaminados.
d) La Ley 22/2011, de 28 de julio, de residuos y suelos contaminados.

17. La Ley 7/2022, de 8 de abril, de residuos y suelos contaminados para una economía circular, no es aplicable a:

a) Los explosivos desclasificados.
b) Los suelos contaminados.
c) Los productos fabricados con plástico oxodegradable.
d) Los artes de pesca que contienen plásticos.

18. ¿Qué consideración otorga la Ley 7/2022, de 8 de abril, a los animales domésticos muertos y los vehículos abandonados?

a) Residuos industriales.
b) Residuos domésticos.
c) Residuos comerciales.
d) Residuos municipales.

19. ¿En qué consiste la pirolisis?

a) Es un proceso mediante el cual se transforma la materia orgánica de los residuos urbanos en un gas.
b) Es un tratamiento para la materia orgánica procedente de la fracción resto.
c) En la degradación térmica de los residuos en ausencia de oxígeno.
d) La trituración del vidrio.

20. ¿De qué color es el contenedor donde se debe depositar el cartón?

a) Azul.
b) Verde.
c) Amarillo.
d) Gris.

En MADTEST tienes **más preguntas de este tema**, y todos tus avances quedan registrados y se reflejan en el ranking.

¡Supera tus límites con MADTEST!

Solución al test n.º 15

1. d) Todas las respuestas son correctas.

2. a) Que la protección y conservación del medio ambiente debe basarse en el concepto de desarrollo sostenible.

3. b) Un programa de acción para alcanzar los objetivos del desarrollo sostenible en todos los países.

4. d) Las opciones a) y c) son correctas.

5. c) Ambas respuestas son correctas.

6. a) Eutrofización de las aguas.

7. b) La capacidad de ser degradado de forma natural.

8. a) El consumo de combustible por los vehículos de distribución de alimentos elaborados.

9. c) Fosfatos.

10. d) Las opciones a) y b) son correctas.

11. c) Restos de contaminantes y bacterias muertas resultantes del proceso de depuración de agua.

12. d) Todas las respuestas son correctas.

13. a) Suelos contaminados.

14. b) El productor de residuos u otra persona física o jurídica que esté en posesión de residuos.

15. a) HP 2.

16. d) La Ley 22/2011, de 28 de julio, de residuos y suelos contaminados.

17. a) Los explosivos desclasificados.

18. b) Residuos domésticos.

19. c) En la degradación térmica de los residuos en ausencia de oxígeno.

20. a) Azul.

Cómo acceder al Curso

Pinche
Test del temario

El uso de los códigos **es exclusivo de los compradores de los productos de Editorial MAD**. Cada producto posee un código único y de un solo uso. Es personal e intransferible y da acceso a servicios y contenidos adicionales. Editorial MAD se reserva el derecho de hacer cuantas comprobaciones sean necesarias para identificar al legítimo poseedor del código y dejar de dar servicio a quien haga uso fraudulento del mismo, además de emprender cuantas acciones legales estime oportunas según la legislación vigente.

Deberás acceder a:

mad.es/registro-campus

Si una vez aceptadas las condiciones de uso del Campus decides hacer uso del mismo, necesitarás del siguiente código de acceso junto con los códigos del resto de títulos que se exigen (si fuera el caso):

MJBH7UYRAN